古代マヤ暦「13の音」シンクロ実践編

あなたの人生をリズムに乗せ、加速させる秘法

越川宗亮
Sohsuke Koshikawa

コスモ21

古代マヤ暦「13の音」シンクロ実践編

古代マヤ暦「13の音」シンクロ実践編　もくじ

プロローグ

「音」があなたの人生を決定する

あなたの人生をナビゲートしてくれる「13の音」　12／自分の「音」がわかれば幸せな人生に　14／自分の音を活かしトーンを高めれば本来の生き方ができる　16／「利他」の心があなたのトーンを上げる　18／「なでしこジャパン」はなぜ奇跡を起こせたのか　21／トーンダウンしてしまったときの「対処法」　23／1年ごとの「年の意味」がわかれば宇宙に応援される人生が送れる　24／マヤを初めて学ぶ人へ　26／あなたのKINナ

ンバー、音の出し方　27／マヤも人生も「吉凶」は存在しない　31／本書の読み方　34

I　マヤ「13の音」に秘められた驚くべき特色と役割とは

音1　「周りに起こることはすべて自分の反映」ととらえる　38
音2　「やるだけやったら委ねる」ことが大事　40
音3　いかに協力体制を作れるかで人生が決定　42
音4　信頼されることでミラクルが起きる　44
音5　「目標の明確化」と「スピードアップ」で飛躍　46
音6　「他人への思いやりと尊重」が人生を加速させる　48
音7　プラスの思い込みで成功へ　50
音8　親の立場で接すればシンクロが引き寄せられる　52
音9　相手の話を聞いて認めてあげることで信頼を得る　54

音10 動機を清めて「調整役」でシンクロ 56

音11 大義と使命感を持つことがシンクロへの最大の秘訣 58

音12 「学ぶ姿勢」で人の話を聞けばシンクロを呼ぶ 60

音13 「感謝の念」で宇宙エネルギーと共鳴 62

II マヤが教える不思議で奥深い人生の13年サイクル

マヤ暦の人生サイクルを知って「人生の羅針盤」を手に入れよう 66

その年に回ってきているあなたの音の出し方 67

人生の秘密を読み解く13年サイクル！ 69

「赤、白、青、黄」4つの時代の特徴 75

13年サイクルで物事を大局的にとらえマヤのリズムで生きよう 84

音1の年 「**起**承転結」……テーマ 受容 86

音2の年 「起**承**転結」……テーマ 挑戦 87

音3の年　「起承転結」……テーマ　協力体制 88
音4の年　「起承転結」……テーマ　組織化 89
音5の年　「起承転結」……テーマ　中心軸を定める 90
音6の年　「起承転結」……テーマ　尊重 91
音7の年　「起承転結」……テーマ　量から質へ絞り込み 92
音8の年　「起承転結」……テーマ　共鳴 93
音9の年　「起承転結」……テーマ　グランドデザイン 94
音10の年　「起承転結」……テーマ　調整 95
音11の年　「起承転結」……テーマ　浄化 96
音12の年　「起承転結」……テーマ　集結 97
音13の年　**完**……テーマ　宇宙につながる 98

III 深遠な宇宙の流れを味方に日々を有意義に生きる

初公開!!「260日、日々の言葉(カレンダー)」付

毎日、独自のエネルギーがあり、それを意識すればシンクロする 102

ツォルキンカレンダーを意識するだけで宇宙エネルギーと共鳴できる 103

プラスの言葉で日々「心の修正」を 104

ツォルキンカレンダーで宇宙の叡智にアクセスしよう 106

1サイクル13日間の過ごし方 108

260日、日々の言葉(カレンダー) 111

13日間のポイント 新鮮な気持ちと慈愛の精神で出発 112

13日間のポイント すべてを許し受け入れる 114

13日間のポイント 粛々と遂行し体験しよう 116

13日間のポイント 無条件の愛を注いでみよう 118

13日間のポイント　志を立てる 120
13日間のポイント　古き自分から新しい自分へ 122
13日間のポイント　自己変革と日々の改善 124
13日間のポイント　誠心誠意で信頼を得る 126
13日間のポイント　自己コントロールと思いやり 128
13日間のポイント　礼節を尽くす 130
13日間のポイント　目の前の人が最高の縁 132
13日間のポイント　気づきこそ豊かな人生の秘訣 134
13日間のポイント　語り合うことで絆が生まれる 136
13日間のポイント　家族愛を広げる（家族を思える人を増やす）138
13日間のポイント　心の豊かさがすべての豊かさにつながる 140
13日間のポイント　挑戦こそ力の源 142
13日間のポイント　徹することで使命に目覚める 144
13日間のポイント　共感こそ最高の癒し 146

13日間のポイント　心を整えるとシンクロが起こる 148

13日間のポイント　美と調和で総仕上げ 150

エピローグ　マヤの実践で充実した生活を

西暦とマヤ暦の対照表

カバーデザイン　中村　聡

プロローグ 「音」があなたの人生を決定する

あなたの人生をナビゲートしてくれる「13の音」

本書は私の手がけるマヤ暦シリーズの「13の音」について取り上げた『古代マヤ暦「13の音」占い』を内容的によりグレードアップさせた第二弾となります。

マヤではその人が生まれた日によって、固有の「音」を持ち、その音によって魂の志向性とか生きる方向性、役割などが決定的な影響を受けると考えられています。

日々、緻密で、その日固有のエネルギーが地球上に流れています。人は地上に生を受けた瞬間、誰もがその日のエネルギー、東洋的な表現では「氣」を無意識のうちに吸い込んでいます。

その吸い込んだエネルギー（氣）が周波数すなわち「音」を持っているのです。そこでその人の人生に大きく影響する「音」が決定されるのです。この音は大きく分けると「13種類」になります。

宇宙には深遠なる「宇宙のエネルギー」が流れており、私たちはこのエネルギーか

プロローグ 「音」があなたの人生を決定する

ら多大な影響を日々受けています。

また、自然界はすべて共鳴の法則によって成り立っています。その際、どのようなエネルギーと共鳴するのか、「音」によってかなりの違いがあります。

自分の「音」を深く知ることは、あなたが「本当の自分」「本来の役割」を知ることにつながり、本来の人生を生きる大きなキッカケとなるのです。

あなたが何に共鳴するのか、どんな方向に進むことが、よりベターなのか、それを示してくれるのが「13の音」なのです。

みなさんの銀河の音がいくつなのか、その割り出し方は、26頁からの「マヤを初めて学ぶ人へ」の項で詳しく述べています。

前著が音についての「基礎編」としたら、今回は「実践編」と呼ぶべきもので前著でお伝えした基礎をもとに、それを「実際の生活の中で活かす」ことで「リズムに乗った快適な日々」を送ることに焦点を当てて、説明してあります。

マヤがいかにすばらしい哲学や科学を持っていても、それが実際の生活に活かせなければ、ただの机上の空論になってしまいます。

— 13 —

本書はマヤと私たちの現代生活をダイレクトに結びつけ、人生のリズムに乗り、みなさんが喜びあふれる日々を送っていただくための情報をいかにわかりやすく提供するかにこだわりました。

できれば、前著とあわせてお読みいただくことでより深い理解が得られますが、本書から先にお読みいただいてもまったく支障はありません。

自分の「音」がわかれば幸せな人生に

音には大小、高低があります。音はそもそも「振動」によって起こるものです。また振動の本質は、「共鳴現象」にあります。

人生はどのエネルギーのどの領域と共鳴するかによって決まります。高い周波数のエネルギーと共鳴することで、人知を超えたとしか思えない不思議な現象、予期せぬ幸運な出来事が起こり人生が明らかに輝きを放ち自ずと開けていくことがあります。

さらに音には「周波数」があります。つまり人それぞれ、独自の波長があるわけで

プロローグ 「音」があなたの人生を決定する

　この波長に合うことで人と人が引き寄せられます。よく言われる波長が合う、合わないは、「周波数」の共鳴現象をわかりやすく表現したものです。

　つまり「周波数」や波長のリズムを高めていくことが、幸せな人生につながるといっても過言ではありません。

　自分の音の周波数を高め、共鳴レベルを上げていくことで、宇宙からの応援が加わり、よりよい人材が引き寄せられてきます。次から次へとタイミングが合い、たくさんの幸運を引き寄せるシンクロニシティが起こるようになるのです。

　共鳴レベルを高めると、驚くことに人生が「1オクターブ」上がってしまいます。それは明らかに次元が上がったかのような驚異的な現象で、人知を超えた出会いや出来事が起こり、人生が面白いように自分が思い描いたような展開になります。

　たとえば、音5の場合は「中心」を定めることが大事なポイントになります。やりたいことの中心、人生の中軸となるものを決めることです。その際、できるだけ明確にすることが大切で、超明確にすることで思いが具現化し形となるのです。

15

また音8の場合は、「共鳴、共感」が音の持つキーワードとなります。つまり、共鳴する人が一定の臨界値を超えると、人生が1オクターブジャンプするのです。共鳴・共感してくれる人を増やすためには、まず自分が相手のよき理解者になってあげることです。

このように自分の「音」を知ることは、より充実した幸せな日々を送るための「コツ」を得ることにつながります。

そういった意味でも自分の「音」を知り、音域をいかに高め、広めるかが人生のテーマともいえるでしょう。

自分の音を活かしトーンを高めれば本来の生き方ができる

では自分の音を十分に活かせないとどうなるか。「音」は「トーン」とも表現することができます。

「トーンダウン」という言葉がありますが、人生も同じように、周波数が落ちたり、

プロローグ 「音」があなたの人生を決定する

人と不協和音を発したりすると「トーンダウン」という結果になってしまいます。

トーンダウンすると何事にもタイミングが合わなくなります。タイミングが合っているときは「ちょうどよかった」「ちょうどこれがほしかった」ということがいっぱい起こりますが、トーンダウンしていると「タッチの差で逃してしまった」「こんなときにより（よって……」ということが、続々と起こるようになります。

さらに、周りに数々のトラブルが起こってきます。寄ってくる人もマイナス思考で不平を抱えた人が多くなります。

例としてあげるのも恐縮ですが、麻薬事件で問題を起こしたタレントのSさんなども、トーンダウンしているときに出会った男性によって信頼を落としてしまったパターンです。

トーンが落ちているからおかしな人、おかしなものに波長が合ってしまうのです。

トーンが高ければ、通り過ぎ、すれ違っただけで終わったはずなのです。

マヤのマトリックス（配列）を考えた場合、「すべては準備されている」と断言できます。

自分本来のトーンを知り、そのトーンを高めていけば、「本来準備された人」に共鳴して出会うことができるのです。人だけではありません。起こるべきことが起こり、進むべき道に進むことができます。宇宙の流れに乗ると、日々の出来事が非常にスムーズで軽やかになるのです。

これが自分のトーンに合わないことをしていたり、あるいはトーンが下がっていると本来の準備された人とは違うおかしな出会いになってしまったり、本来予定されていない方向に進んでしまったりするのです。

これは宇宙の流れに沿っていないため、無理があるからです。そのため苦しみをともない、喜びとは無縁な生活になってしまいます。

「利他」の心があなたのトーンを上げる

では「トーンを上げる」ためにはどうすればいいのでしょうか。

実は「視点」と「思考」を変えさえすれば、トーンはいくらでも変わっていくので

プロローグ 「音」があなたの人生を決定する

す。

たとえば、ノーベル賞受賞者などは、一般の人々とは意識している次元がまったく違います。

日ごろから高いところに意識を合わせているからこそ、一瞬のひらめきが起こり、人類史上に残る発明・発見がなされるのです。

「意識を高いところに合わせる」有効な方法は、簡単に表現すると、「我（が）を捨てる」ことです。

自分のことだけ、家族のことだけしか考えない、あるいは自分さえよければいいという意識で生きていると、その人の人生はどんどん低迷していきます。

自分の視点でしか物を見ることができず、相手の身になって考えられない人、何か気に入らないことが起こるとすべて人に責任転嫁して激しく責め立てる……このような人は間違いなく周波数が下がり、低調な人生になるでしょう。

逆に「利他」の心を持ち、他人を思いやり、みんなのことを考える人の人生はどんどん高まり、次元が上昇していきます。

トーンが上がっている人は、心地のよい音、「絶妙な音」を出しています。それゆえ一緒にいて心地よく、安らぎを感じます。

それぞれが本来持っている音の意味を知り、意識の焦点を高いところに合わせていけば「絶妙な音」を奏でることができるのです。本来自分の持っている音を出すことこそが「絶妙な音」なのです。

そうすることで周りの人にも宇宙にも応援され、よりよい人生が約束されるのです。

一方、「我の強い人」の出す音はキーキーと耳障りのする雑音です。そのような人とは誰も一緒にいたいとは思いません。

オーケストラや合唱では「和音」「ハーモニー」ということが、何より重要視されます。人間関係も同じことで、人と人とが各々最高の音を出し、ハーモナイズすることが大切です。

そこに雑音が入ったら「不協和音」になり、人間関係がうまくいくはずもありません。本来、人間はそのようには生まれていないのです。

自分のトーンを上げて、本来の準備された人生を生きていくことこそが、シンクロ

プロローグ 「音」があなたの人生を決定する

を起こし、人生のすべての成功、幸せにつながるのです。

「なでしこジャパン」はなぜ奇跡を起こせたのか

今や国民的人気の「なでしこジャパン」。ドイツでのワールドカップ優勝、オリンピック出場権獲得など、日本国民に熱い感動を与えてくれました。

彼女たちこそ、トーンを上げ、リズムに乗り、見事なシンクロを呼び寄せた大成功例だといえるでしょう。

ワールドカップで優勝するまで、彼女たちはマイナーな存在でしかありませんでした。観客も少なく、待遇や給料も決していいものではありませんでした。

しかし、たとえお給料が少なくとも、彼女たちは純粋にサッカーを愛する心を持ち続けて奮闘しました。そしてワールドカップでは、東日本大震災の被災者に少しでも勇気や元気を与えたいという気持ちで戦ったのです。

その思いが、シンクロを呼び寄せ、優勝という偉業を成し遂げたのです。

これは、何も「なでしこジャパン」に限った話ではありません。私たち一人ひとりにおいても同じことがいえます。

たとえば、同じ町のパン屋さんでも、心の持ちようで全然トーンが違ってきます。

「お客さんに美味しいパンを食べてもらいたい」「このパンを食べたお客さんが笑顔になってほしい」という気持ちで製造されたパンはトーンが高いため、飛ぶように売れ、お客さんもどんどん集まってきます。

そういう気持ちで作られたパンは実に美味しく、店自体も居心地のよい空間を作り出します。

ところが、生活のため仕方なくやっているパン屋さんがいます。毎日いやいやパンを製造しているのです。不平不満にあふれたパン屋さんはどんどんトーンが下がっていきます。

そんな気持ちで作っているパンを食べると下手をすると体調がおかしくなります。お客さんが寄りつかず、売り上げもどんどん落ちる一方でしょう。

私はある地方都市で実際にこういうケースを目にしました。ある女性がパン屋に嫁

プロローグ 「音」があなたの人生を決定する

に行ったのですが、そこの姑（しゅうとめ）がひどく不平不満をいう人だったのです。当然店の経営状態は悪く、家族関係もぎすぎすしていました。その女性は「ここにいたらおかしくなる」といって実家に帰ってきてしまったのです。
同じパン1つでもそこにこめられた思いがトーンとなり、その高低でまったく違う結果が生じるのです。
パン屋さんだけでなく、どんな職業でも同じです。不平不満をいいながら、エゴむき出しで行った仕事が幸運を引き連れてくることはあり得ないのです。

トーンダウンしてしまったときの「対処法」

音・トーンということを意識して生きると見える景色が変わってきます。生身の人間である以上、常に高いトーンを保つのは至難の業です。
生きていればついつい不平不満をいうこともあるし、怒ったり、エゴが出てしまうこともあるものです。

しかし、そんなとき、「あ、今、トーンダウンしているな」と思うだけでも確実に意識が変化してきます。何より、まずトーンダウンしたと自覚することが大事なのです。

自覚すれば「まずいことしたな」「人に思いやりを持とう」と考えて、次は少しでもトーンを上げることを意識するはずです。

いきなり完璧を目指すのではなく、まずはトーンダウンすることを徐々にでも減らしていけば着実によい人生に向かうに決まっているのです。

自分が本来持っている音の意味を知り、意識をそこに合わせ、高めていく。それこそが宇宙に応援される最大の秘訣なのです。

1年ごとの「年の意味」がわかれば宇宙に応援される人生が送れる

宇宙に応援されれば、人生はあらゆることが面白いように展開し始めます。

そのためにトーンを上げることのほかに、もう1つ大事なことがあります。それは

プロローグ 「音」があなたの人生を決定する

「タイミング」です。

本書では「タイミング」をうまくつかみ、流れに乗る方法にターゲットを絞って伝えています。人生においてタイミングということは、非常に大事なものです。

「何をやってもうまくいかない」という人がいますが、それはタイミングがずれているからです。タイミングがずれているということは写真でいえばピンぼけと同じ。

このタイミングを教えてくれるのが「マヤの叡智」にほかなりません。

マヤでは自分の誕生日から次の誕生日までを1年として、13年を1つのサイクルで考えます。人生の波に乗るためには、この13年のサイクルの中で自分の人生が今、どういう「時」を迎えているかを的確につかむことが最も大事なことなのです。

たとえば下りのエスカレーターに乗り必死に走っても現状維持が精一杯です。しかし、上りエスカレーターで同じことをすれば倍速で進むことができます。

13年の間に起こる「上り」と「下り」の時期を見極め、流れに乗ることこそがタイミングを知ることなのです。タイミングをつかむことは、チャンスをつかむことでもあります。

13年サイクルは毎年1から順に13までの年が回ってきます。この13にはそれぞれの意味があります。詳しくは後の章で説明しますが、もともとの音が1の人と2の人では、毎年、異なる音が回ってきます。

そしてこの1から13までの年はそれぞれ注意すべき「ポイント」があります。その年に何を意識して、どう生きればよいか、それをマヤは入念に示してくれます。そしてそれはあなたの人生をより確かで充実したものにしてくれるのです。

マヤを初めて学ぶ人へ

ところで、本書でマヤを初めて学ぶ人のために、マヤとは何かを簡単に説明させていただきます。

すでにマヤについてある程度の知識をお持ちの方、拙著をお読みいただいている方は、ここは飛ばしていただいてもかまいません。

マヤでは「13」という数を重要視します。なぜかというと、13は「自然のリズム

プロローグ 「音」があなたの人生を決定する

を表しているからです。月の満ち欠けは1年間で13回、女性の月経は月の満ち欠けに連動し、1年間に13回といわれます。

マヤの本質は「宇宙意識」であり、宇宙の流れに沿った生き方をすれば、タイミングが合ってシンクロが起こると考えます。

シンクロというのは日本語で「共時性」と訳しますが、「人知を超えた不思議な一致」というようにとらえてください。

ですからマヤの示してくれる生き方をすることで、道が示され、よりよい出会いがあり、充実した人生を送ることができるのです。

あなたのKINナンバー、音の出し方

マヤにはそれぞれの誕生日によって固有の数字（KINナンバー）があります。KINは1から260まであります。

実はこれはあなたのマヤにおける「心の刻印記憶」を現しています。マヤのツォル

キン（神聖暦）は1サイクルが365日ではなく、260日になっているところからきています。

そしてこのKINナンバーごとに、「太陽の紋章」と「ウェイブ・スペル」（本書では紹介しません）が決まっています。これは20種類ずつあります。

マヤでは「宇宙には20の異なった叡智を持つ神がおり、それぞれが交代で支配している」と考えます。

この20の叡智は日ごとに順番に巡っており、それはその日生まれた人の性質や人生で起こる事柄まで決定付けるというのです。

この「20の叡智」こそが「太陽の紋章」であり「ウェイブ・スペル」なのです。太陽の紋章とウェイブ・スペルは一種の表裏の関係で、どちらもその人の本質を表しています。その人の魂の方向性、得意なこと、意識すべきこと、人間関係など、これによって大枠をつかむことができます。

さらにそれぞれのKINナンバーごとにそれぞれ13種類の「音」があります。音は銀河の中心から発せられているパルス

プロローグ 「音」があなたの人生を決定する

1	・	6	・̇	11	・̈
2	・・	7	・̇・	12	・̈・
3	・・・	8	・̇・・	13	・̈・・
4	・・・・	9	・̇・・・		
5	―	10	＝		

音を表すマヤ数字：点が1の単位、横棒が5の単位を表す

波、パルス光線のようなエネルギーのことです。これが13種類あり、その人の誕生日によって決まります。

音の出し方は、まず巻末の「西暦とマヤ暦の対照表」で自分のKINナンバーを出してください。

次に次頁の表でご自分のKINナンバーを見つけてください。わかりましたか？

その上に「・」や「―」がついているのがおわかりでしょう。これがあなたの「音」です。上表のように「・」は1、「‥」は2、「…」は3、「‥‥」は4です。5は「―」です。10は「＝」です。

以下この4つの点と一、＝の組み合わせ

あなたの「音」を見つけ出す早見表

$\dot{1}$	$\dddot{21}$	41	$\ddddot{61}$	81	$\overline{\ddddot{101}}$	121	$\overline{\ddot{141}}$	161	$\ddot{181}$	$\dot{201}$	$\overline{\dddot{221}}$	$\ddot{241}$
$\ddot{2}$	$\ddddot{22}$	$\dddot{42}$	$\overline{62}$	$\ddddot{82}$	$\overline{\dot{102}}$	122	$\overline{\dddot{142}}$	162	$\overline{\dddot{182}}$	$\ddot{202}$	222	$\dot{242}$
$\dddot{3}$	$\overline{23}$	$\dddot{43}$	$\dot{63}$	83	$\ddot{103}$	$\dot{123}$	$\ddot{143}$	163	183	$\dddot{203}$	$\ddot{223}$	$\ddddot{243}$
$\ddddot{4}$	$\overline{\ddot{24}}$	$\overline{44}$	$\overline{\ddot{64}}$	$\overline{\dot{84}}$	$\overline{\dddot{104}}$	$\dot{124}$	144	$\dddot{164}$	184	$\ddddot{204}$	$\dddot{224}$	$\overline{244}$
$\overline{5}$	$\overline{\ddot{25}}$	$\overline{\dot{45}}$	$\overline{\dddot{65}}$	$\overline{\ddot{85}}$	$\dot{105}$	$\dddot{125}$	$\ddot{145}$	$\ddddot{165}$	$\dddot{185}$	$\overline{205}$	$\overline{\ddot{225}}$	$\overline{\dot{245}}$
$\overline{6}$	$\overline{\dddot{26}}$	$\ddot{46}$	66	$\ddot{86}$	106	$\dddot{126}$	146	$\overline{166}$	$\ddddot{186}$	$\overline{206}$	$\overline{226}$	$\ddot{246}$
$\ddot{7}$	27	$\dddot{47}$	67	$\dot{87}$	107	$\overline{\dddot{127}}$	147	$\overline{\dot{167}}$	187	$\overline{207}$	227	247
8	28	$\ddddot{48}$	$\dddot{68}$	$\overline{88}$	108	$\overline{\dot{128}}$	148	$\overline{\ddot{168}}$	188	$\overline{208}$	$\ddot{228}$	248
$\ddddot{9}$	$\ddot{29}$	$\overline{49}$	$\ddddot{69}$	$\dot{89}$	109	$\overline{\dot{129}}$	149	$\dot{169}$	$\dddot{189}$	209	$\dddot{229}$	$\dddot{249}$
$\overline{10}$	30	$\overline{50}$	70	$\overline{\ddot{90}}$	110	$\overline{\dddot{130}}$	150	170	190	210	230	250
$\overline{11}$	31	$\overline{\ddot{51}}$	71	$\overline{\dddot{91}}$	$\ddot{111}$	131	$\dddot{151}$	171	$\ddddot{191}$	$\dddot{211}$	$\overline{\ddot{231}}$	$\dddot{251}$
$\overline{12}$	32	$\overline{\ddot{52}}$	72	92	$\dddot{112}$	$\ddot{132}$	$\ddddot{152}$	172	$\overline{\ddot{192}}$	212	$\overline{\dddot{232}}$	252
$\overline{\dddot{13}}$	$\ddot{33}$	53	$\dddot{73}$	93	$\ddot{113}$	133	$\overline{\dot{153}}$	173	$\overline{193}$	213	$\overline{233}$	253
$\dot{14}$	$\dddot{34}$	54	$\ddddot{74}$	$\dddot{94}$	$\overline{\ddddot{114}}$	134	$\overline{\ddot{154}}$	174	$\overline{\ddot{194}}$	$\dot{214}$	$\overline{\dddot{234}}$	$\ddot{254}$
$\ddot{15}$	$\ddddot{35}$	$\dddot{55}$	$\overline{75}$	$\ddddot{95}$	$\overline{\dot{115}}$	135	$\overline{\ddot{155}}$	175	$\overline{\dddot{195}}$	$\ddot{215}$	$\dot{235}$	$\ddot{255}$
$\dddot{16}$	$\overline{36}$	$\ddddot{56}$	$\overline{\dot{76}}$	96	$\overline{\ddot{116}}$	136	$\overline{\dddot{156}}$	176	196	$\dddot{216}$	$\ddot{236}$	$\ddddot{256}$
$\ddddot{17}$	$\dot{37}$	57	$\ddot{77}$	$\dot{97}$	$\overline{\dddot{117}}$	$\ddot{137}$	157	$\dddot{177}$	$\ddot{197}$	$\ddddot{217}$	237	$\overline{257}$
18	$\overline{\ddot{38}}$	58	$\overline{\ddot{78}}$	98	118	$\dddot{138}$	158	$\overline{178}$	198	$\overline{\ddot{218}}$	$\ddddot{238}$	258
$\overline{19}$	$\overline{39}$	59	79	$\dddot{99}$	119	139	159	$\overline{179}$	199	$\overline{\ddddot{219}}$	239	$\overline{259}$
$\ddot{20}$	$\dot{40}$	$\dddot{60}$	$\ddot{80}$	$\ddddot{100}$	$\dddot{120}$	$\overline{\ddddot{140}}$	160	$\overline{180}$	200	$\ddot{220}$	$\dot{240}$	$\overline{\dddot{260}}$

プロローグ 「音」があなたの人生を決定する

で6が∴、7が∵というように13まで表されています。

この「音（銀河の音）」があなたの原動力、エネルギーを表し、あなたに内在する能力を示しています。

マヤも人生も「吉凶」は存在しない

マヤは本来、「占い」ではありません。それは「吉凶」はないと考えるからです。「吉」「凶」は明らかに期間（スパン）によって変わってきます。そのため13年のサイクルも「この年はよくて、この年は悪い」という考え方はしません。

あくまでもその年にどういった特徴があるか、どういう意識でその年を過ごせばよりよい年になるか、それを指し示していると考えます。

これは「太陽の紋章」「ウェイブ・スペル」「音」についても同じです。

それ自体には吉凶はなく、考え方・とらえ方によってどうにでもなるというのが三次元を超えたマヤの考え方といえるでしょう。

みなさんはよく、「今年、運がいいのか悪いのか知りたい」「自分の運の強弱を知りたい」とおっしゃいますが、何が吉で何が凶であるというのは、実は長い目で見ないとわからないことです。

たとえば、病気になったとか、会社をリストラされたなどという事柄が起こったとします。これらはそのときは不幸に思えることかもしれませんが、長い目で見てみればそれを機会に人生が好転したという人はいくらでもいるのです。

リストラされたのを契機に商売を始め、大成功した人、病気にかかって入院中に描き始めた絵で賞をもらった人などなど。

選手としてはいうに及ばず監督としても数々の大記録を残した前中日ドラゴンズの監督、落合博満さんもまさに凶を転じて吉とした人生を送っています。

彼は秋田工業高校の野球部時代から先輩の理不尽なしごきに耐えかねて退部するなど、野球選手としてエリートとはかけ離れたスタートをしています。

その後、大学に進学して野球部に入部するも、やはり肌に合わずに半年ほどで秋田に帰ってしまいました。

プロローグ 「音」があなたの人生を決定する

その後、プロボウラーを志し受験に出かけようとしたとき、その途中でスピード違反でつかまって罰金を支払ったために、受験料が払えなくなり、受験を断念したというのです。

これだけを見たら不運の連続です。

しかし、そこでプロボウラーになっていたら、その後の落合さんのプロ野球選手としての人生はなかったかもしれません。

それを考えれば、あのときにスピード違反でつかまり、プロボウラーになれなかったことは落合さんの人生にとって不運どころか、ラッキーなことでした。

ですから物事はすべて考え方・とらえ方なのです。

よく「今年は大殺界だから運が悪い」「天中殺だから怖い」とおっしゃる方がいますが、「運が悪い」「嫌なことが起こる」ことに意識の焦点を当ててしまうと、まさに運の悪いことが引き寄せられてきてしまいます。自分で大殺界を作っているようなものです。

マヤでは自分の意識の持ち方しだいで、いくらでも運をよくすることができるし、

人生が開けていくと考えます。

マヤを知り周波数を高めれば、あなたの人生が見事に解き明かされ、人間関係、仕事、あらゆることが驚くほどうまく回り始めるのです。

本書の読み方

本書は以下のように構成されています。

まず1章は前著と同じように13の音についての本質を解説します。内容的には、前著よりさらに深く掘り下げています。

2章は人生における13年サイクルの過ごし方を解説しました。その年はどんな年回りであるか、どんなことを意識すべきかを説明しています。

13年はそれぞれブロックごとに分けられます。1年目から4年目、5年目から8年目、9年目から12年目です。

このブロックごとにそれぞれが起承転結になっています。

プロローグ 「音」があなたの人生を決定する

そして13はそのサイクルの締めくくりの年です。この13年サイクルを知り、自分の人生の流れを知ることで、タイミングがどんどん合ってきます。

そして3章には宇宙エネルギーと共鳴するための「260日、日々の言葉（カレンダー）」を収容しました。これは日めくりカレンダーのようなもので、その日がどんな日か、どんなことを意識して過ごせばいいかをアドバイスしています。

かなり盛りだくさんの内容となりましたが、前作よりももっと深く宇宙のエネルギーとのシンクロを加速させる方法を紹介しましたので楽しく読んでいただき、読者のみなさんの日々がより一層輝きを増し、喜びに満ちたものとなりますように願ってやみません。

越川　宗亮

I

マヤ「13の音」に秘められた驚くべき特色と役割とは

音1 「周りに起こることはすべて自分の反映」ととらえる

音1は自分の軸がしっかりしていて、ブレが小さい人です。またある意味、とてもわかりやすい人といえます。なぜならば1の人は何かに取り組んだとき、結果がすぐに出やすい傾向にあります。プラスの方向に行くときも、マイナスの方向に行くときも、すぐに答えが出るのです。

また1は分けることができない数です。分けようがありません。「一体性」「一体感」「1つ」ということです。

つまり「私はあなた」「あなたは私」という意味を持ちます。ですから、音1の人は「自分の周りに起こることはすべて自分の責任」というスタンスで望むことが大事です。

そのため音1の人は「あの人は嫌だ」「この人は気に入っているからひいきにしよう」などといった好き嫌いをいってはいけません。受け入れてください。ただし、「受け入れる」、「受容」ということを勘違いしている人が多いのですが、受容というのは人

— 38 —

1章　マヤ「13の音」に秘められた驚くべき特色と役割とは

のマイナス面を受け入れるのではなく、長所を認めるということです。

たとえば、我が強いとか、自分のことしか考えていないといったマイナス面を受け入れる必要はないのです。そうではなく、その人にもこんないいところもある、こんな美徳があると、それを認めることこそが「受け入れる」ということです。

また、人と比べるという行為も慎むべきでしょう。人との比較ではなく、まず自分が成長することだけを考えることです。人は関係ないのです。人に惑わされることなく、ひたすら自分の内面を磨くということです。

そのためには、尊敬する人物を持つことです。そうしたほうが目標の実現化が明確になるのです。

音1の人がリズムに乗るためには「一体性」ということがキーワードとなります。「周りに起こることはどんなこともすべて自分の反映」というぐらいの謙虚な姿勢で受け止めることです。人との関係も同じです。

一体化、一体性を意識することで、波に乗り、人生がぐんぐん開けていくことでしょう。

音2 「やるだけやったら委ねる」ことが大事

音2の人は、本質的に「迷い」や「葛藤」を持っています。何を決めるのにも迷うし、何をするにも葛藤しています。それは2という数字の性質上、避けられないものです。

ところが、音2は「迷いや葛藤を人に見られたくない」と考えてしまうのです。ですから表面上はハッキリした態度をとります。

人からは迷いや葛藤があるようにはとても見えません。しかし、本当の音2の心の中は迷いでいっぱいなのです。

しかも迷うのはいけないことのように思っているため、AかBか、どちらかにあてはめようとしてしまう。そこでまた葛藤が生じます。

世の中にはAかBかにスッパリ当てはまることなど、そうそうないのです。また物事をハッキリするということは敵味方が生じるということでもあります。

迷いや葛藤はあっていいのです。むしろそこからパワーが生まれるのです。という

1章　マヤ「13の音」に秘められた驚くべき特色と役割とは

のも、音2の人は迷いと葛藤があるゆえに、明らかに才能も賦与されています。迷い、葛藤とうまくつきあうことが大事。

迷いや葛藤がパワーとなって才能が開花している例としては松本人志さん、浜崎あゆみさん、中島みゆきさんなどがいます。スポーツ選手では野口みずき選手、阿部慎之助選手など。みなさん鋭い感性を持った人が多いのです。

その意味で音2は音楽やスポーツの世界で成功する人が多いのです。それはスポーツや音楽などでエネルギーを放出することによって葛藤が薄まるからです。

また音2の人が人生のリズムに乗るためには、「やるだけやったら委ねる」ということが大事です。

たとえば、100歳の現役医師として知られる日野原重明先生。彼はクリスチャンです。「神に委ねる」という意識が強いからこそ、あのようなすばらしい人生を歩んでいらっしゃるのでしょう。

逆に委ねることをしないと葛藤と迷いが続きます。音2の人は「委ねる」ことができるかどうかで人生が決定的に違ってくるのです。

音3 いかに協力体制を作れるかで人生が決定

音3は「人間関係の中で生きていく」という宿命を持っています。3という数字の持つ性格上、人と人とのバランスをとる存在なのです。

ですから必然的に人と人とのつなぎ役、仲介役という役目を担うことが多いのです。

そのためには「奉仕の精神」「仕える心」が必要となります。

人間関係の中で生きる人ですから、すべてのことを自分一人で行おうとすると無理が出ます。組織やグループの協力体制の中で力を発揮し、自分の役割を果たすタイプです。

仕事も会社や団体の中で働くことも起用にこなします。自分一人で0から起業するというより、コラボレーションの関係を構築するほうがはるかに向いています。

ですから一人では集中力が持続しません。起業をする場合は仲間と一緒に協力体制を作って取り組むのがいいでしょう。

1章 マヤ「13の音」に秘められた驚くべき特色と役割とは

仕事だけでなく、すべてのことに対して人との協力関係の中で取り組むことが成功の秘訣です。音3は協力者をどのぐらい作れるかによって人生が決まるのです。

協力体制作りといってもなかなか簡単にできることではありませんが、まず相手を尊重し、自分から協力する姿勢を見せるということが大事です。

自ら先に動くことがひいては人に協力されることに結びつくのです。そのためには視野を広く持つ、多角的な視点を持つということも必要でしょう。

また「人と人を結びつける」という天性の才能に恵まれているため、それを活かすことです。

たとえば、お見合いやブライダル産業で成功している人も多くいます。ウエディングドレスのデザイナーとして有名な桂由美さんなども音3です。

また音3は「体験して覚える」という意味がありますから、どんどんいろいろなことにチャレンジしましょう。

未知の体験をすることで視野が広がり、人に対する理解の度合いが深まり、より強固な協力体制が作れるのです。

43

音4　信頼されることでミラクルが起きる

1から3までを整理すると、1はあまり人とかかわらない単身者のような人生、2は夫婦関係、2人組のユニットから学ぶ人生、3は関係性の中で生きる人生といえます。4になると非常に安定感が出てきます。

ですから音4は人に安心感を与えるという役目があるのです。そのためには日ごろから人を理解しようとする意識を持つことが大事。人をわかってあげよう、理解しようとする心が人に安心感を与えるのです。

また音4の人は「識別能力」に長けています。非常に冷静なタイプで、物事の良し悪しや、裏に隠されていること、物の本質を見極める力があるのです。

特に問題や紛争の解決は4の役目といっていいほど、非常に力を発揮します。いざというときに頼れるタイプです。そのためには人から信頼されることが何より大切です。信頼されないと紛争を解決できず、4の役割を果たせません。すると音4のリズ

1章 マヤ「13の音」に秘められた驚くべき特色と役割とは

ムが崩れてしまい、人生が狭まってしまいます。

ではどうすれば人から信頼されるか。それには「守るべきものを守る」ということが大事です。人との約束や道理、ルールなど、守るべきものをきちんと守ること。自分の言ったことを守る人は信頼されます。信頼されることで音4は輝き始め、ミラクルが起こり始めるのです。

そこで大事なことは、何かマイナスのことが起こったときに、人のせいにしないこと。音4の人はプライドが高い傾向にあります。そのため、なかなか自分の非を認めることができない人もいます。非を素直に認めて謝ることも大切なことで、そうすれば、よりよい人間関係を構築できるのです。

また4の務めとして「わかりやすく語れ」というのがあります。難しいこと、理解困難なものを人にわかりやすく伝えるというのが役目でもあるのです。何事も探究心を持って臨み、まずは自らがその事柄を深く理解する必要があります。

それをかみくだいて、わかりやすく伝えることで、4の音が持つ意味が大いに高まり、よりよい結果が生じます。

音5　「目標の明確化」と「スピードアップ」で飛躍

　音5はマヤの数字の表記では「一」です。これは中心を意味します。ですから中心的な立場に立つ人が多いのです。

　また音5の人自身も、「自分が中心」という思いがあります。それは自己中心的で人のことを考えないということではなく、自分を物事の中心に定めて責任を持って取り組むということです。5の人は「中心を定める」ことで力を発揮します。逆に中心が定まらないことには、何1つ踏み出すことができません。

　5のリズムをつかむためには「目標設定」ということがキーワードです。目標が明確になると、力が湧いてきて、それにともないシンクロも起きます。

　目標を明確化するためには何といっても「書くこと」がいいのです。目標は頭の中で設定しているだけでは漠然としているもの。書き出すことで初めてハッキリと焦点が絞られるのです。

1章　マヤ「13の音」に秘められた驚くべき特色と役割とは

自分が何をしたいのか、何がほしいのか、どういう人生を送りたいか、自分に問いかけながら、目標を書き出しましょう。その際、できるだけ具体的な問いかけをすることが大事です。具体的な問いかけでないと答えは返ってきません。具体的な目標設定をして、やるべきことの方向性が見えてくると音5は真価を発揮します。

そしてさらに音5を飛躍させるのは「スピードアップ」。物事をスピーディに進めることです。

楽天の三木谷浩史社長は音5ですが、座右の銘は「スピード!! スピード!! スピード!!」です。まさに音5のトーンを上げ、加速させる生き方の見本といえるでしょう。加速すると音5は驚異的な力を発揮します。

いざというときの底力を秘めているので、一度スイッチが入るとすごいパワーで周囲を圧倒します。

しかし、そこで気をつけたいのは、「責任」を持つこと。スピードと責任感が連動することで、5の音が加速してすべてよい方向へ進みます。逆にのんびりしすぎてしまうとマイナス面が出て、集中力に欠け、トーンダウンしてしまうのです。

音6 「他人への思いやりと尊重」が人生を加速させる

流れとしてまず音3で動きが出てきます。倍音の音6はその動きが非常に活発になってきます。

また、音6の人は自分の世界観がしっかり確立していて、マイペース。あまり周囲に惑わされることがありません。

人にこびるのも、こびられるのも好みません。

人と癒着したり、ベタベタしたつきあいをしないので、人間関係が泥沼化することは少ないでしょう。

誰とでも等距離につきあうことのできる人といえます。

注意したいのは、自分の世界・概念を人に押しつけがちなことです。音6の持ち味を生かし、人生を加速させるためには、相手を尊重し、相手に対する思いやりを持つことが大事です。

1章 マヤ「13の音」に秘められた驚くべき特色と役割とは

マイペースなのは決して悪いことではありませんが、それが許されるのは人に対する思いやりがある場合だけ。

自分のペースを守ることも大事ですが、思いやりと尊重がない限り、道が閉ざされてしまうのです。

また、音6は本質的に内面に「動揺」があります。心の中では動揺しているのにそれを相手に見せないようにしている面があるのです。表面上は冷静を保っているので外から見る限りは、なかなかわかりません。

ただ動揺することがいけないわけではありません。実は動揺するようなことが起こってこそ、気づきが起こるのです。気づきが起こってこそ、音6はリズムに乗ることができるのです。

そして音6はいったんリズムに乗ると加速し、爆発します。

もともと活発なエネルギーを持っていますから、必ずや大いなる成果をあげることができるでしょう。

音7 プラスの思い込みで成功へ

音7は13ある音の真ん中に当たることから、「多くの情報が集まる」という特性があります。常にアンテナを張っている「情報大好き」人間です。

しかし、情報が多く入ってくる分、それに振り回されやすいという面があります。実は本当に自分に必要な情報というのは、1割にも満たないものです。あとの9割は不正確な情報だったり、正確であっても必要でない情報であったりします。

ですから、その情報が果たして自分にとっていいのか悪いのか、精査し情報を絞り込んでいく必要があります。

どの情報に耳を貸すかによって人生が変わるといってもいいほど、音7にとって情報は大事なものですから常に気をつけておいてください。

また、音7の人は「五感」、すなわち味覚、聴覚、視覚、触覚、嗅覚が優れています。

注意点としては「人からの承認を得たい」という気持ちが強いところ。

1章　マヤ「13の音」に秘められた驚くべき特色と役割とは

評価を得たい、名声を得たい、認められたいという欲求が強いのです。しかし、それは結局、我欲につながります。その欲求を手放してこそ、音7の本来のトーンが高まります。

さらに音7の人が成功するためには、プラスの「思い込み」が大事です。思い込みというとイメージはあまり芳しくないかもしれません。一見、実現が不可能そうなことでも、プラスの思い込みを持つことによって実現の可能性が驚くほど高まります。

その典型が、ソフトバンクの孫正義社長。彼は社員がたった2人のときから「世界的企業になる」という野望を持ち、本当にそう思い込んだからこそ、今の世界的企業であるソフトバンクの存在があるのです。これこそが音7の典型的な成功例。

そのためには邪念・雑念を捨て、心からそう思い込むこと。仏教に「空」という言葉があります。空とは0（ゼロ）の意味です。プラスの思い込みで0の世界、無我夢中の境地を切り開いた人こそが大成功できるのです。

また、音7には神秘という意味もあり、スピリチュアル系のことに興味を持つ人も多くいます。

音8 親の立場で接すればシンクロが引き寄せられる

「ときめき」に音8のキーワードがあります。

心引かれるもの、ときめくものにこそ、音8の果たすべき使命、あるいは人生のチャンスが潜んでいるのです。

なぜなら音8の人は感受性が強く、アンテナが鋭いのです。感性にピンと来たものこそが、あなたのするべきことなのです。

『人生がときめく片づけの魔法』という本が大ヒットしましたが、あれなどまさに音8にぴったりの本だといえるでしょう。

音8は調和とバランスを求めるという意識が強いのです。人間関係もとても大事にします。

人に対して面倒見もよく、世話焼きタイプなのですが、ときにそれが過干渉になって、自ら調和を乱してしまうこともあります。また、人の言動、批評に過敏に反応し

1章　マヤ「13の音」に秘められた驚くべき特色と役割とは

やすい部分もあります。

音8の人は感性が鋭い分、ハッキリした物言いをすることがあります。気をつけないと、ときに高圧的な言い方になってしまうこともあります。

こういった自己矛盾も音8の特徴なのです。

人生を上向きにし、波に乗るためには、「フォロー」の精神で人に接することが肝要となります。フォローの精神とは簡単に言えば「親心」を持つということ。音8は母性的なところがありますから、そのように人に接することでとても人間関係がうまくいくのです。

このようにフォローの精神で人に接していると必然的に共鳴者が登場します。共鳴者が増え、臨界値を超えると人生が1オクターブ上がり、活躍のステージがシンクロとともに一段上がります。いかに共鳴者を増やすかということが、音8の人生を決定づけるものとなるでしょう。

感性が鋭いので芸術的な分野に才能を発揮する人が多いのも特徴です。

毎日を「調和」に満ちて過ごせるように意識しましょう。

音9　相手の話を聞いて認めてあげることで信頼を得る

音9には根底に「人類愛」があります。音9のミッションはズバリ、「人を照らす光となれ」ということです。この一言を意識するだけでもシンクロが起こって人生の波に乗れるというぐらい、音9にとっては大事な言葉なのです。

といっても必ずしも地球規模、世界規模の活躍をしなさいということではありません。あなたの周りの人を元気づけ、勇気づけてあげることです。それだけのエネルギーが音9にはあるのです。どちらにしても『与える側』に立ったほうがより幸せになる確率は格段に上がります。

ところが、音9の人は、ときとして相手の話を聞いていないことが多々あります。自分の好きなこと、関心のあることに対しては話も発展するのですが、関心のないことにはまったく取り合わないのです。ですから「傾聴」ということが、音9が波に乗るための1つのキーワードとなります。

1章　マヤ「13の音」に秘められた驚くべき特色と役割とは

話を聞くということは、相手を認めてあげるということにも通じます。すべての人間関係は認め合うことから始まります。聞くことは「学び」です。相手の話をよく聞いて学びの意識と姿勢を持つことで、音9は人から信頼されるのです。

音9の人はマイナス面が出ると、無関心になってしまうこと、また気分のムラが出やすいところがあります。

その意味で安定感を欠くところがあります。関心のあるものとないものが極端で、自分の勝手な思い込み、思い上がりで行動するきらいもあります。

これをうまくかわし、人生の波に乗るためには、「補う人」「補う体制」を敷いておくことが大事です。フォロー的な人材を常に確保しておくのです。

音9は類いまれなパワーで世に光を与える立場と述べましたが、バックアップする人が周りにいてこそ、十分に力を発揮することができるのです。

さらに音9は「完成と拡大」がキーワードです。1つのプロジェクト、もの作りを完成させ、喜びを味わい、それをさらに拡大させていく役割を担っているのです。またワクワク、ドキドキすることに心が共鳴する傾向にあります。

音10 動機を清めて「調整役」でシンクロ

音10には「形になる」というキーワードがあります。
自分の思考の根底にあるものは何か、何がしたいのか、どうなりたいのか。それを自分自身に問いかけてみてください。
そこで目標や願望を明確化することで、その対象と共鳴し、「形」になるのです。常識を超えたこと、一見不可能と思えることでも驚くほど目に見えて形となってくるのです。
その際、「動機は何か」ということがとても重要です。願ったことが形になるといっても、それがエゴから生じたものや社会に迷惑になるようなものではいけません。常にその動機が正しいか、人のためになるかということを考えましょう。動機を浄化し、高めることで人生がどんどん開けていきます。
人間関係においては音10の人のミッションは「調整役」。人と人の間に入って意見

1章　マヤ「13の音」に秘められた驚くべき特色と役割とは

を調整し、物事を進めていくのがとても上手です。

自分の能力を発揮するというよりも、プロデューサーになって人の能力を開花させることで人生がスムーズに進みます。

仕事もプロデュース業、教育、人材育成などに向いています。また、誰かのアイデアを形にすることも得意。土台をしっかり作るので組織作りや起業には欠かせないタイプでもあります。

そのためにも自分の考えに固執したり、制約しないことです。

調整役というのは苦労する役回りでもありますが、それを買って出ることで、10の本来の音が高まり、シンクロを引き寄せることができるのです。音10の人はそれができるだけのパワー、エネルギーを持っているのです。

一方、マイナス面が出ると八方美人になりやすいというところがあります。調整が得意ということは人に合わせることがうまいということですが、安易な調整役になってしまうと信頼を失いかねません。

音11 大義と使命感を持つことがシンクロへの最大の秘訣

音11は改革者であり、旧体制の破壊者です。古く、不要なものをそぎ落とし、複雑なものをシンプルにしていくというミッションがあります。組織や会社においても旧弊な体制やシステムを打破して改革していく人です。

それは内面の世界にもいえることです。見せかけをはいでいって、本当の自己の姿を見つけることが音11の人の本来すべきことなのです。それも改革の1つです。

そしてこのような使命・天命が与えられているゆえに、音11は強いエネルギーを持ち、大きな仕事を成し遂げることができる人なのです。

なぜ改革が必要なのかというと「浄化」のためです。改革といっても悪い方向に改革するのでは話になりません。そこには「大義」が必要。政治改革であれば国民のために、会社組織の改革であれば、社員のためにならなければ意味がありません。

ですから改革の根底には「世のため、人のため」という大義・志が必要なのです。

1章　マヤ「13の音」に秘められた驚くべき特色と役割とは

それがない限り、シンクロは起きません。大義を持ち、使命感を持つことこそが音11にとってシンクロを呼び起こす最大の秘訣といえるでしょう。

「自民党をぶっ壊す」という名言を吐いた小泉純一郎元首相こそが音11です。彼は既得権益にまみれた自民党を破壊することを明言して大きな支持を得ました。彼の実際の功績についてはさまざまな意見がありますが、少なくとも当時の彼には大義があり、それゆえに国民から大きな喝采を浴び、改革を成し遂げることができたのです。

またジャーナリストの池上彰さんも音11。彼は今まで非常に難しいものとされていた時事問題や政治経済を非常にわかりやすく伝えました。これも一種の改革です。

改革は簡単にできるものではありません。壊したまではよいのですが、新しいものを創生できなかったり、改革が中途で終わってしまったのでは改革とはいえません。

それではただの〝壊し屋〟になってしまいます。

改革には初志貫徹という強い意識を持つこと、そして用意周到さが大切です。思いつきの改革はダメです。自分のやろうとしていることに大義はあるか、常に自分に問いかけてみてください。

音12 「学ぶ姿勢」で人の話を聞けばシンクロを呼ぶ

音12になると最終局面を迎える領域になってきます。これは「全体像を見渡すことができる」という立ち位置でもあります。たとえば、全体を見渡して指揮をとるオーケストラの指揮者には音12、13が圧倒的に多いのです。

特に音12には、「物事を安定させ、普遍化させる」という意味があります。人の相談に乗ったり、話を聞いてあげるという役割があります。「あの人なら話を聞いてくれそう」と人に思われるタイプでもあります。

困っている人、悩んでいる人に対して協力的、奉仕的に生きることで音12はリズムに乗り、波長が高まるのです。

人の相談に乗ってあげるためには「認識の幅」を広げることが大事。それが音12の人に課せられたテーマでもあります。いろいろな人の話を聞いて、理解するためには自分自身の見識が広くなければなりません。

1章　マヤ「13の音」に秘められた驚くべき特色と役割とは

そのため「学ぶ姿勢」も大事なポイントになります。人の話を聞くときは、勉強だと思って真剣に聞いてください。それもシンクロを呼び寄せるコツです。

音12の人には仲間を集める能力が付与されています。木村拓哉さん、萩本欽一さんなども音12の代表的存在でしょう。田中角栄元首相などは音12の人です。たくさんの人が周りに集まってくるタイプなのがおわかりでしょう。

さらに音12には人と人とをつなぐ役割があります。そしてみんなで喜びを分かち合うことで音12の本来の意味がより高まります。

一方、マイナス面が出ると、自分の胸のうちを人に打ち明けられないというところがあります。人から相談はされるのですが、自分は相談が思うようにできないのです。

それゆえ苦しくなることもあります。

そのため日ごろから、自分を理解してくれる人、信頼できる相談相手を見つけておくことも大事です。

また、音12は寂しがり屋で、常に人と一緒に行動することを好みます。それが行きすぎると依存心、依頼心が強い生き方になってしまいます。

音13 「感謝の念」で宇宙エネルギーと共鳴

13の音の中で最後の音です。

まとめ役、仕上げにからむ役割を担っています。

音13の人は非常に器用で何でもこなす多才型。長期的視野に立って、じっくり物事を進めていくタイプです。

パッと短期で結果を出すタイプではありませんが、忍耐強く少しずつでも確実に前に進んでいきます。

その際、一心不乱に物事に没頭することで人生が開けていきます。忍耐強く、表現がソフトで男女ともに人あたりが柔らかい人が多いのが特徴です。

音の力を高めるには認識の幅を広げること。音12とも重なってきますが、学ぶ姿勢を持つこと。人の話を聞くときは勉強と思っ

1章　マヤ「13の音」に秘められた驚くべき特色と役割とは

て真剣に聞いてください。

また音13の人にとってシンクロを呼び寄せる最大の秘訣は「感謝の念」を持つことです。感謝の念なしに宇宙のエネルギーと共鳴することはありません。

感謝して生きているかどうかは1つの質問でわかります。それは「あなたは今までの人生で与えたものと受け取ったもの、どちらが多いですか？」という質問です。

受けてきたものが多いと答えた人は、感謝の念を持ちやすい傾向にあります。こういう人は人生でトラブルが少なく、心に不平を持ちにくいのです。幸せにもなりやすいでしょう。

「与えたものと受けたものが半々」「与えたもののほうが多い」と答えた人は、ちょっとご自分の状況を見直してみてください。少々、傲慢なところがありませんか？ 与えたものが多いと考えている人には、何かとトラブルが起こり、不満の多い人生になってしまいます。

また音13というのは、マヤにとってとても重要な数字。プロローグでも説明したように、自然のリズムそのものです。

ですから音13の人は自然に対する意識を持つことで、リズムに乗った人生を送ることができます。
自然の中に身を置いたり、太陽、月、風など自然のエネルギーを浴びることがよいのです。
マイナス面は迷いやすいこと。じっくり型である反面、決断に時間がかかることがあるでしょう。

II

マヤが教える不思議で奥深い
人生の13年サイクル

マヤ暦の人生サイクルを知って「人生の羅針盤」を手に入れよう

マヤ暦は13年というサイクルを強調しています。そのため個人の人生も13年を1つのサイクルとしてみていきます。音1から13までが1年ごとに順に巡ってくるのです。

例えば1年目（音1）、2年目（音2）、3年目（音3）といった具合です。

この13年を1サイクルとして、「赤の時代」「白の時代」「青の時代」「黄の時代」が巡ってきます。そしてそれぞれの年には「意味」があります。その年ごとの「テーマ」といってもいいでしょう。この「4つの時代」と「13の年」との組み合わせでその年の特徴が決まるのです。

赤の時代の1年目、赤の時代の2年目では意識すべきことが違います。また同様に赤の時代の1年目と白の時代の1年目ではやるべきことが異なるのです。

それぞれの年回りを知って、その年のポイントとなるテーマを明確に意識して生きることで、驚くほどエネルギーが高まり、流れに乗り、加速した人生を送ることがで

2章 マヤが教える不思議で奥深い人生の13年サイクル

前述したように下りのエスカレーターを必死で走って上っても現状維持が精一杯です。また濃霧の中、スピードを出したらトラブルが発生すること間違いなしです。目の前に霧がかかったように、どっちに進んでいいかわからない年もあるのです。しかし、霧は時間がたてば必ず晴れます。あせらず時期を待つことが大事なのです。

そのことをあらかじめ知っていれば、どっちに進めばいいのかわからないときでも慌てずにすみます。たとえそこで損失を被ったとしても最小限ですむでしょう。

マヤにおける人生のサイクルを知ることは、「人生の羅針盤」「万能のナビゲーション・システム」を手に入れたのと同じことなのです。

あなたの人生における絶妙なタイミングをマヤは明確に示してくれるのです。

その年に回ってきているあなたの音の出し方

この13年サイクルで、その年に回ってくるKINナンバーはそれぞれ人（音）によ

って異なります。同じ平成25年でも、ある人には赤の時代の音1が回ってきており、別の人には青の時代の音8が回ってきているといった具合です。

まず、71頁の表①「個人年表」の作成例見本を元にあなたの「個人年表」を作成してみましょう。

① 最初に巻末にある西暦とマヤ暦の対照表で、自分の生年月日の番号を確認します。これが「KINナンバー」と呼ばれるものです。

② 73頁の表③の「個人年表」の0歳のところにこの「KINナンバー」を表①の「個人年表」作成例見本のように書き込みます。

③「音」は30頁の早見表で確認し、「個人年表」に書き込みます。

④ 次に70頁の表②の「色（時代）照合表」で確認して色（時代）を書き込みます。

⑤ 表①の「個人年表」の作成例見本の太枠部分に当たる4、8、12、16、20歳の誕生日の「KINナンバー」を表①の「個人年表」に同じ手順で書き込んでいきます。

⑥ 同じく表①の見本のように太枠と太枠の間の「音」を埋めていきます。これは順番になっています。ただし13の次は1となります。

2章 マヤが教える不思議で奥深い人生の13年サイクル

⑦表②の「色（時代）の照合表」で色を各々調べ書き込みます。

⑧「音」と「色」さえわかればよいので、KINナンバーは飛びとびでかまいません。52歳は0歳と同じであり、60歳は8歳のときと同じになります。51歳まで出せればあとは、繰り返しとなります。

人生の秘密を読み解く13年サイクル！

どうでしょうか？　自分に今、音いくつの年が回ってきているか、割り出せましたか？

音は、自分の音から順番に13まで1つずつ進んでいくはずです。13の次はまた1に戻ります。色の順番は赤→白→青→黄です。0歳のときに白から始まった人は、白→青→黄→赤と進んでいきます。

この年表が作成できれば、今、自分がどの音で何色の年かということがわかります。実際に自分が送ってきた人生と照らし合わせてみると、みなさん一様に驚きます。ご

西暦	年齢	KIN	音	色（時代）
1998	36	235	1	青の時代
1999	37	80	2	
2000	38	185	3	
2001	39	30	4	
2002	40	135	5	
2003	41	240	6	
2004	42	85	7	
2005	43	190	8	
2006	44	35	9	
2007	45	140	10	
2008	46	245	11	
2009	47	90	12	
2010	48	195	13	
2011	49	40	1	黄色い時代
2012	50	145	2	
2013	51	250	3	

表② 色（時代）照合表

赤	白	青	黄
1〜13	14〜26	27〜39	40〜52
53〜65	66〜78	79〜91	92〜104
105〜117	118〜130	131〜143	144〜156
157〜169	170〜182	183〜195	196〜208
209〜221	222〜234	235〜247	248〜260

※あなたのKINナンバーで色を導き出そう

2章　マヤが教える不思議で奥深い人生の13年サイクル

表①　「個人年表」の作成例見本

西暦	年齢	KIN	音	色（時代）
1962（10/20）	0	95	4	黄色い時代
1963	1	200	5	
1964	2	45	6	
1965	3	150	7	
1966	4	255	8	
1967	5	100	9	
1968	6	205	10	
1969	7	50	11	
1970	8	155	12	
1971	9	260	13	
1972	10	105	1	赤の時代
1973	11	210	2	
1974	12	55	3	
1975	13	160	4	
1976	14	5	5	
1977	15	110	6	
1978	16	215	7	
1979	17	60	8	
1980	18	165	9	
1981	19	10	10	
1982	20	115	11	
1983	21	220	12	
1984	22	65	13	
1985	23	170	1	白の時代
1986	24	15	2	
1987	25	120	3	
1988	26	225	4	
1989	27	70	5	
1990	28	175	6	
1991	29	20	7	
1992	30	125	8	
1993	31	230	9	
1994	32	75	10	
1995	33	180	11	
1996	34	25	12	
1997	35	130	13	

西暦	年齢	KIN	音	色（時代）

2章　マヤが教える不思議で奥深い人生の13年サイクル

表③　あなたの「個人年表」を作ってみよう

西暦	年齢	KIN	音	色（時代）

自分の人生がいかにマヤ暦で示されるエネルギーの影響を受けているか、手に取るように見えてくるからです。

まず人生において節目となるのは26歳、52歳です。52歳は13の4倍ですが、「一回転して元に戻る年」といわれます。まだまだ若いのですが、52歳で亡くなる人も不思議と多いのです。石原裕次郎さんや美空ひばりさんも52歳で亡くなっています。

52歳は人生の分岐点なのです。ですから52歳はリセットしてまた新しく出発する年なのです。ここを1つの区切りとして、また新たなサイクルに入っていくのです。52歳からは本質のきらめく時代。ここで我を捨てて人を大事にした人はその後の人生がとてもよいものになります。

52歳が一回転ならば、26歳は半回転。人生におけるターニングポイントの年です。ご自分の26歳のときを思い起こしてみてください。実際、26歳は何らかの変化が起こりやすい年の26歳のときに出会った人は人生において非常に重要であり、26歳のときの選択はその後の人生に大きな影響を及ぼします。

回りで、「どっちをとるか」という選択を迫られることが多いのです。

「赤、白、青、黄」4つの時代の特徴

次に「赤、白、青、黄」の4つの時代の特徴を述べておきましょう。

赤の時代

赤は東西南北で言うと東の位置。東は日の昇る場所です。つまり赤の時代は非常に活気にあふれ、フレッシュかつエネルギッシュな時代です。
同時に赤には「社会」という意味があるので、社会にどんどん出て活躍する時代なのです。また赤には社会からの応援も入ります。

26歳、52歳を迎えるときは、ぜひとも自分の選択してきたことを振り返ってみてください。これでいいのか、自分の方向性でいいのか、方向性を変えるべきときではないのか……。
本来の自分とは何か、自分の役割とは。
ぜひ自分に深く問いかけて本来の自分を発見してみてください。

逆に家に閉じこもったり、自分の内面とじっくり向き合うというようなことはこの時代の流れに逆らうことになってしまいます。

社会に出ることは、仕事を指すように思われるかもしれませんが、仕事でなくても、地域の活動とか、趣味、あるいは友達と旅行をすることなどでもいいのです。新しいものをどんどん赤の13年間は新しい人、新しいものにどんどん出合います。新しいものを受け入れて活動的に過ごすことで、赤の時代の流れに乗っていくことができます。活動的に過ごすというと、青年期など若い時代を指すようなイメージがあるかもしれませんが、シニア世代、シルバー世代になってから赤の時代が巡ってくる人もいます。

そういう人は晩年型。仕事をリタイヤした後も大いに外に出て社会的な活動を楽しんでください。

赤の時代に成功した人に東国原英夫・前宮崎県知事がいます。彼は赤い時代の1年目に県知事に当選したのです。彼が最初、知事選に立候補したときは、泡沫候補扱いでした。それがチャレンジすることで見事当選を果たしました。

2章　マヤが教える不思議で奥深い人生の13年サイクル

赤の1年目は新たな挑戦をするには絶好のときなのです。その後、彼は4年間の任期を務めましたが、最も勢いのある時代に知事として過ごしたのです。

その活躍ぶりは誰もがご存知の通りです。かつて事件を起こした過去のイメージダウンも知事としての活躍によって払拭してしまいました。

スポーツ選手ではプロゴルファーの石川遼選手がいました。彼が大ブレイクした15歳のときは赤の時代の2年目でした。彼は今も赤の時代の真っただ中です。引き続きプロの第一線で活躍を続けることでしょう。

白の時代

白は東西南北の北の位置。北は聖なる位置、ご先祖や目に見えない存在を意味しています。

つまり白の時代は、目に見えない存在の時代なのです。いわゆる精神世界、スピリチュアルな時代といっていいでしょう。自分の内面に目を向け、さまざまなことを学び、人間性を磨いていくことがこの時代の目的です。

その前の赤の13年間は勢いだけで突っ走ってきたところがあります。その分、人間関係にしても仕事にしても、余計なものまでいっぱい抱え込んできてしまっています。今度はいらないもの、不要なものをここで削っていかなければなりません。不要なものをそぎ落とす時代なのです。

白の時代に成功した人の典型例が日産自動車社長のカルロス・ゴーン氏です。彼は倒産寸前とまでいわれた日産を、徹底的なリストラによってよみがえらせました。この大リストラを決行したとき、まさに彼は白い時代にあったのです。

白の時代は捨てることで浮上するのです。捨てることでよみがえります。昨今、家の中などの整理術として「断捨離」という言葉が流行っていますが、まさに断捨離は白の時代に行うと効果的です。

捨てるということは、本質的には執着心を捨てるということでもあります。執着心はマイナスエネルギーを引き寄せる典型なのです。執着心を持ち続けていても、いいことなど1つもないのです。

執着を絶ち、内面を整えることによって、白の時代の流れに乗っていくことができ

2章　マヤが教える不思議で奥深い人生の13年サイクル

のです。それを実行することで白の時代の成功はケタ違いなものとなります。まさに三次元を超えた奇跡的な成功が起こり得るのです。

プロゴルファーの有村智恵選手は2011年、ゴルフトーナメントの1日目でアルバトロス（パーから数えて3打少なくそのホールを終了すること）と、ホールインワンを達成するという快挙を成し遂げました。これは実に奇跡的なことです。まさに彼女の白の時代に起こったことです。

同じプロゴルファーの宮里藍選手も白の時代に大成功した人です。彼女は2006年、アメリカに拠点を移す直前に白の時代が始まりました。

しかし、アメリカに渡ったとたん、大変な不振に陥ってしまいました。悩み、いろいろ考えた結果、「メンタルの重要性」ということに気づいたのです。そこで彼女は気づきを得たとたん彼女は急浮上し、大躍進を遂げました。

白の時代は内面に目を向ける時代。まさに彼女はそれを行ったからこそ、大成功することができたのです。

楽天の三木谷浩史社長も白の時代に成功を収めています。彼は兵庫県の出身ですが、

阪神大震災で親戚や友人を亡くし、人生観が大いに変わったとのこと。そのときに彼は自分の内面を見つめ直したことが、大きなターニングポイントとなったことをインタビューで語っています。

つまり白の時代には自分の内面としっかり向き合い、学びを得た人だけにシンクロが訪れるのです。

青の時代

青は方角で言えば西。西はパートナーシップ、配偶者、お年寄りを意味する場所です。青の時代は「理解者」をいかに作るかということが非常に重要なテーマとなってきます。

パートナーとは何か、それを突き詰めて考えると「理解者」ということになります。この時代に真に自分の本質を理解してくれる理解者を作ること、少しずつでもそのような人々を増やしていくことで人生が非常に豊かになっていきます。

また、この時代に結婚をする人も多いのです。白の時代には「結婚なんて興味がな

2章　マヤが教える不思議で奥深い人生の13年サイクル

い」といっていた人も青の時代に入ると急に結婚するという現象が起こってきます。
13年サイクルには起承転結があると述べましたが、青の時代は起承転結のなかでも一番動きが激しい「転」の時代。落差があり、メリハリがハッキリしていてめまぐるしく変動します。たとえば朝起きたら状況が一変していたというようなめまぐるしい「時」なのです。

そんなときパートナー、相談相手がいないと厳しいものです。
また青の時代に大躍進した人に、日本が世界に誇る大リーガーのイチロー選手がいます。27歳、青の時代5年目で大リーグにチャレンジし、この青の時代に数多くの記録を達成しました。

青の時代は変動期ですから、この時代に安定した成績を残すのはなかなか難しいことです。
しかし、彼が青の時代にこれだけの輝かしい成績を収めたということは、本当の意味で抜きんでた実力を持っていること、そして類いまれなる自己管理のたまものでしょう。

彼の自己管理能力は大変なものがあります。オフのときも筋トレを欠かしませんし、生活パターンもしっかり決めていて、それを決して乱すことがありません。このブレのない安定性こそが、彼を成功に導いたのだといえるでしょう。

黄色の時代

黄色の時代は東西南北でいえば南の位置。南は子孫の位置です。子ども、子孫に何を伝えていくのか、この時代にテーマを決めてください。

黄色の時代は理想がガイドしてくれる時代でもあります。理想を明確に持って、未来に向かって安定した基盤を作る時代なのです。

経済的基盤もその1つです。理想を持つことでそこに結びつくチャンスがやってくるのです。

また、黄色の時代は定着の時代でもあります。ソフトバンクの孫正義社長が日本に帰化したのは、この黄色い時代でした

彼は帰化した後に一気にソフトバンクを成長させ、現在の世界的企業に押し上げた

2章　マヤが教える不思議で奥深い人生の13年サイクル

のです。彼が黄色の時代に帰化して、日本に定着すると覚悟を決め、その上で基盤を作ったことは大正解だったのです。

同じように黄色の時代に大成功した人に作家の村上春樹さんがいます。彼が『ノルウェイの森』で大ブレイクしたのは38歳のとき。黄色い時代でした。この小説はギリシャ、シチリア、ローマで執筆されたといわれています。

新たな次元への飛躍を意味するにふさわしい時期にふさわしい場所へ、何度となく出向いているのです。そこで、多くのひらめきとインスピレーションが降り注がれ、大ブレイクしたのでしょう。

さらに作詞家の秋元康さんも黄色の時代に「おニャン子クラブ」をプロデュースして大成功をしています。秋元康さんは作詞家の中で最もヒット曲を書いた実績の持ち主です。

おニャン子クラブをプロデュースしたのは、彼がまだ若いころでしたが、黄色の時代に安定した経済基盤を作ったことは大きな自信にもなったのでしょう。その後のAKB48の成功もおニャン子の成功の土台の上でのことです。

13年サイクルで物事を大局的にとらえマヤのリズムで生きよう

赤、白、青、黄それぞれの時代の特徴・特色をご理解いただいた上で、今後は13年周期の意味を見ていきましょう。

13年は1年目から4年目、5年目から8年目、9年目から12年目と4年ごとに、3つのサイクルを繰り返すのです。そして最後の13年目は「ギフトの年」なのです。

この3つの周期はそれぞれに意味があります。まず1から4は組織固めに向かうサイクル、5から8はそれを練り上げた基盤の上に完成させるサイクルです。9から12は完成させたものを拡大させて多くの人に影響を与える方向に向かうサイクルです。

そして13は見えない力の恩恵を受け、予期せぬ出来事に出合いミラクルが起こる年です。

人生においては、この13年サイクルで物事を大局的に見ることが非常に重要です。

2章　マヤが教える不思議で奥深い人生の13年サイクル

そのとき不運と思えること、あるいは非常に辛いことに直面したとしても、13年サイクルで考えれば、また見方がかなり違ってきます。

たとえば、ある人が一生懸命働いていた会社にリストラされ、「なぜ自分ばかりがこんなひどい目にあうのか」と嘆いたとします。

しかし、その後、その人は起業し、大成功を収めたとします。リストラされなかったら今日の成功は的には「あのとき、リストラされてよかった。リストラされなかったら今日の成功はなかった」と思えるはずです。

このように目の前で起こったことだけに付和雷同するのではなく、人生をある程度のスパンで見ることが大事なのです。マヤの伝えるリズムに乗って生きることで、信じられないほど人生がうまく展開していくのです。

では、次頁からそれぞれの年の『テーマ・意味・方向性』というものを見ていきましょう。

読者のみなさんが、それぞれの年の流れにうまく乗って今まで以上にリズムに乗っていただくために。

── 85 ──

音1の年 「起」承転結……テーマ 受容

13年サイクルの最初の年、出発の年です。

1という数字は分けることができない数字です。どういうことかというと、つまりこの年はすべてのことが自分と「一体」の年ということです。どういうことかというと、外の世界は自分の内面の反映だという意識で過ごすときなのです。

たとえマイナスなこと、ネガティブなことが起こっても、それは自己責任であるという考え方で、人や環境を責めるのではなく、ひたすら自らの内面に目を向けて、自分の成長を意識する年ということです。

そのためには「受容」ということが最も大事なことです。特に人を受け入れることです。人を受け入れる、認めるということは、マイナス面とか欠点を受け入れるということではありません。その人の欠点・短所は見ないようにして、長所を見るようにするのです。

音2の年 「起 ㊿ 転結」……テーマ 挑戦

2年目は人との関係が生まれてくる年。

新たに知り合う人も多いし、今まで知り合い程度だった人と懇意になるなど、人間関係が形作られる年です。

ただ、人間関係ができるということは人生が豊かになり、楽しいことが多い反面、苦労したり、ストレスになったりすることもあります。実際、2年目は人間関係で苦労することもあります。

しかし、それは「関係性の中から学ぶ」年だからです。人間関係を通して内面を磨く年といっていいでしょう。

そのために何よりも大事なことは相手を尊重すること。音1の年にも通じることですが、相手を認め、長所を見てつきあうことです。そしてそれができるかどうかが、問われる挑戦の年なのです。

音3の年 「起承 転 結」……テーマ 協力体制

3年目は協力体制を組む年です。3年目にいかに協力体制を築けるかによって今後の人生が変わるといっても過言ではありません。協力体制を築くために動くべき時代、コラボレーションの時代なのです。

いい協力関係を築くためには、「自分さえよければいい」という発想は捨てなければなりません。

近江商人の商売の心得に「三方よし」という言葉があります。つまり、「売り手よし、買い手よし、世間よし」ということです。自分だけではなく、相手のためにも、世間のためにもなる取引でなければならないということです。

これこそが、音3の年に通じる思考といっていいでしょう。

協力体制を築くためにはまず自分が相手に協力することです。そして協力体制を作ることができれば、リズムに乗ることができます。

音4の年 「起承転〈結〉」……テーマ 組織化

音4の年はシステム作りの年。音3の年で築いた協力体制をしっかり組織化し、それを安定的に定着させる年なのです。システム作りというと、何か大きなことをしなければいけないというイメージがあるかもしれませんが、生活のサイクルとか、毎日の仕事をシステマチックに行うとか、そういう身近なことでもいいのです。

イチロー選手もここで練習をして、ランチは何を食べて……というように毎日の生活サイクルが全部決まっているといいます。生活サイクルが安定していることが彼の大リーグでの成功を支えているといっても過言ではないでしょう。

ご自分の生活のサイクルをしっかりルール化してそれを習慣化することが、リズムに乗るために欠かせないことです。ルールとは物事を大きく広げていく基盤となるものです。また、音4の年は音1の年から始まった起承転結の締め、結の年となります。

音1からやってきたことに1つの結論が出ます。

音5の年 「起」承転結……テーマ 中心軸を定める

音5の年は音1～4までの起承転結が終わり、新たに出発する年。自分の今後の人生で何をしたいのか、どうなりたいのか、どう生きていきたいのか、目標設定をする年となります。

その際、目標を具体化・明確化することが大事です。明確化して再確認して定め、その上で新たな出発をするのです。

具体化・明確化のためにはその年の目標を書き出すこともいいでしょう。書き出すことで自分の考えていることやしたいことがしっかり見えてくるものです。

音5の年は「定める」ということをしないと、安定して力を発揮できないのです。

逆にいえばいったんしっかり定まってしまえば、それに向かって迷わず突き進むことのできる年です。

音6の年 「起 承 転結」……テーマ 尊重

音6の年はどんな人でも活発に動く年。人間関係が広がったり、仕事や趣味がはかどったりと、いろいろな動きがあります。

その一方で、この年は独断専行になりやすい年でもあります。自分のペースを大事にするのはいいのですが、ふと気づくと自分のことばかり優先して、周りが見えていなかったり、周りを振り回してしまっていたということがあるのです。

そういうことが続くと6の年のリズムには乗れません。この年の流れに乗るためには、相手を尊重し、思いやりを持つこと。個人主義にならないように気をつけ、人に対して与える側に立つことこそが、音6の年をパワーアップさせてくれるのです。そこからまたよい流れができてくることでしょう。

また、この年は「継続は力なり」でコツコツ努力することでよい方向に向かいます。

音7の年 「起承 転 結」……テーマ 量から質へ絞り込み

音6の年に人間関係や仕事その他の「間口」が広がったはずです。音7はその中から絞っていく年となります。

音6はいい意味でも悪い意味でもいろいろな情報が流れ込んできたはずです。今度はその情報の中から不要なものを捨て、本当に自分に必要なものだけを精査し、選び取ることが大事です。

6の年は活発な動きに引きずられるように量が先行する年でした。その分、情報があふれすぎて、何が本当なのかが見えづらいのです。7の年は、いわば量から質への転換が求められる年です。

無駄な情報を削り捨てれば、まるでたまねぎを一枚一枚むくように、物事の核心が見えてきます。情報を削るのと同時に執着心を絶つことも大事です。それによって流れに乗っていくことができます。

2章　マヤが教える不思議で奥深い人生の13年サイクル

音8の年　「起承転⦿結」……テーマ 共鳴

音8の年は協力者・支持者作りの年。音7の年で物事の核心をつかんだら、それに対して協力者・支持者を増やして肉付けをすべき年なのです。

協力者・支持者が増えることで、物事が成就し、1オクターブ上昇できます。

音5で再出発した起承転結の〝最終ラウンドの年〟ですから、ぜひここで大きな実りを収穫したいものです。

そのために大事なことは共鳴者を増やすことです。それによって実り豊かな1年を過ごすことができるでしょう。

また、支持者が増えることで自分自身に大きな自信がつきます。

支持者を増やすためには相手との調和を考えること。相手に対していいたいことがあっても、自分の考えを一方的に押し付けるのではなく、できるだけソフトな言い方をするように心がけましょう。

音9の年 「起」承転結……テーマ グランドデザイン

また、新たな起承転結のサイクルの始まりの年。広げていく年です。13年サイクルにおいて、9の年になるといよいよ「形」が見えてくる年とされています。

この年になると今までやってきたこと、自分が目指してきたもの、希望がはっきりと形になって現れてくるのです。

形になって見えてきた希望と喜びは一人占めしたのでは膨らんでいきません。人と分かち合うことで初めて大きく育っていくのです。

この年は自分の希望・喜びが人々と結びつかないと、リズムに乗っていくことができません。人に対して希望や喜びを分け与えることです。

そして希望を人と分かち合って膨らますことで、よい流れができ、また次の年への道筋が見えてくるのです。希望を次の年につなげていきましょう。

2章 マヤが教える不思議で奥深い人生の13年サイクル

音10の年 「起 ⓒ承 転結」……テーマ 調整

9の年で見えてきたものを実際に形にする年です。

9で見えてきたものが、いよいよ具体的に実を結びます。

そこでは多くの人とのかかわりが生じてくることでしょう。物事を実際の形にするために、いろいろな人が登場してくるのです。それゆえ何かと忙しい年です。

そして10の年回りの人に求められるのは「調整役」ということ。多くの人が交流する中で、中には意見の食い違いが起こったり、トラブルが起こったりするものです。

それをうまくバランスをとって調和させること、その役目を買ってでることが、この年のテーマを成功させる最大のポイントです。

調整役を上手にこなすために最も必要なことは、人から信頼されること。信頼関係がないとどんなに調整を試みてもうまくいきません。日ごろから信頼関係を培っておくことが大事です。

音11の年

「起承 転 結」……テーマ 浄化

13年サイクルも終盤。最後の仕上げに向かっていく年です。

この年は「浄化作用」が起こる年。音1から始まったサイクルをここでいったん振り返って整理しましょう。

音7の年で不要なものを削りましたが、この年でもう一度見直し、無駄なものをもう一回捨てるのです。

というのも、今まで形作られてきたものが、この年にいったん崩れるのです。そして不要なものが削られ、そこで最後に残ったものこそが「本物」なのです。

ですから11の年は試されるときでもあります。今までのものが崩れ、状況が変わるのですから、慌てたり、動揺してしまうことが多いのです。

でもそこで自分の信念を変えないこと、初志貫徹こそが大事。考え方やスタンスを変えないということです。それが試されるのが11という年なのです。

音12の年 「起承転結」……テーマ 集結

音11で崩れたものをこの年で収拾します。そしてそれを適切に処理し、解決の方向に向かうという年回りです。

問題を解決するために仲間が集まってきます。

ですから、人との出会いが多い年でもあります。

そこで集まった仲間と一緒に問題を分かち合い、協力して対処することで、問題が解決・解消していきます。

このとき、人との調和、コミュニケーションが大事なのはいうまでもありません。喜びも苦しみも人と共有し、分かち合うことで、この音12の年の流れに乗ることができます。

1つひとつの問題を解決し、大きな区切りを迎えるのです。

音13の年 完 ……テーマ 宇宙につながる

13年サイクルの最後の年。

この年は見えない力が働く年でもあります。予期せぬ出来事、思いもかけなかったことが待っています。

ある意味では「ギフト」、「プレゼント」の年なのです。どんなことが起こるか、とても楽しみな年でもあります。13年サイクルで今までやってきたことの「結果」があなたを待っています。

どのような出来事が起こるのかは人によって異なりますが、共通していえるのは、そのことが起こった後、「生きていてよかった」と感謝の思いが膨らむことです。

この世の中には当たり前のことは何1つとしてない、今生きていることに感謝したくなる、それを心から感じる出来事が起こります。そして感謝の思いも新たにまた来るべき新たな13年サイクルに出発する年です。

2章　マヤが教える不思議で奥深い人生の13年サイクル

大切なことは、「ギフト」や「プレゼント」を受け取るにふさわしい器を準備することです。

準備あるところにシンクロニシティは起こるのです。この鉄則を脳裏に深く刻んでおきましょう。

III

深遠な宇宙の流れを味方に
日々を有意義に生きる

初公開!!「260日、日々の言葉(カレンダー)」付

毎日、独自のエネルギーがあり、それを意識すればシンクロする

2章においてその年ごとのエネルギーとその過ごし方を見てきましたが、本章では日々のエネルギーとその過ごし方を見ていきたいと思います。

宇宙にはそれぞれ1日ごとに13の音のエネルギーが流れていると述べました。つまり、宇宙のエネルギーは「13の音」で表されるのです。

そしてマヤ暦260日（＝ツォルキンカレンダー）には、毎日それぞれ独自のエネルギー・特性があり、そのエネルギーを意識して生きることが、シンクロを呼び、リズムに乗った幸せな人生を送るための最大の秘訣なのです。

たとえば、宇宙に「家族との和」のエネルギーが流れている日に、外に出て人と会ったり、職場で仕事にかじりついているのではなくその日は、家族のことを意識してほしいのです。

意識は周波数を持ちウエイブを描きます。個人と宇宙エネルギーの波長が合うと驚

3章　深遠な宇宙の流れを味方に日々を有意義に生きる

ツォルキンカレンダーを意識するだけで宇宙エネルギーと共鳴できる

くほどのシンクロやミラクルが起こるのです。

まずは宇宙エネルギーを受け入れることを意識するだけで人生はまったく違ったものになっていくはずです。

「森のようちえん」という非常にユニークな保育を行っている団体があります。幼児期においては自然体験活動が最も大事だという考えから、自然の環境の中で幼児教育・保育を行っているのです。

そこでは子どもには子どものリズム、子どもの社会があるとして、先生たちはできるだけ手を貸しません。たとえ子どもが川に落ちても、命にかかわらない限り、助けないのです。子どもたちは協力して助け出し、着替えはどうするなど対策を考えます。

これぞまさに自然と共鳴した過ごし方です。このように常に自然の中に身を置いていると、知らず知らずのうちに宇宙のエネルギーと共鳴することができるのです。人

103

は自然の一部ですから、自然のリズムで暮らすことで本来の姿が現れます。

しかし、すべての人が豊かな自然の中で暮らすことができるわけではありません。

だからこそ本章で紹介するツォルキンカレンダーを有効に活用してほしいのです。

「今日はこういうエネルギーが流れている」と意識して、宇宙エネルギーに合致した過ごし方をすれば、その日1日が断然輝いてきます。毎日有意義に、1オクターブ跳躍した人生を送ることができるのです。

それは「人生という舟」が波に乗ってラクラク加速して運ばれていくイメージです。波に逆らって必死に舟をこいでも困難が襲うばかりで、なかなか目的地には到達できません。ツォルキンカレンダーで日々のアドバイスを意識するだけで、人知を超えた宇宙エネルギーに運ばれ、驚くほど波に乗った人生を送ることができるのです。

プラスの言葉で日々「心の修正」を

ツォルキンカレンダーでその日の宇宙エネルギーを知ると同時に、必ず心に留めて

3章　深遠な宇宙の流れを味方に日々を有意義に生きる

ほしい大事なことがあります。宇宙エネルギーと共鳴していくためには、高い波動・トーンを身につけることが必須条件なのです。

宇宙エネルギーを知り、それを意識したとしても、波動が低かったり、我が強かったりしたのでは意味がありません。心がけ次第では、せっかくの宇宙のエネルギーを活かせないのです。

そのためには、日々、自分を振り返って、心の持ち方の修正をしていくことが欠かせません。

女性は毎日鏡を見てお化粧をしたり、ヘアスタイルを直したりしています。あれは外見をチェックしているだけでなく、自分の顔を確認し、「修正」をする行為なのです。女性でなくても、男性も同じ。朝起きて顔を洗うとき、鏡を見て、その都度顔を「修正」しているのです。

それと同じことを「心」でもすることが必要です。では心はどのように修正するのでしょうか。実は心を映し出す鏡にあたるものは「言葉」です。何気なく口から発している言葉こそが、あなたの心のありようを反映しているのです。

「姑のすることなすことしゃくにさわる」「あの上司のせいで自分は損ばかりしている」「夫の顔を見るのも嫌」などなど、不平不満、マイナスの言葉ばかり口にしている人は、心が曇っていて、波動が恐ろしく低くなっていきます。

そんなことでは、高次の宇宙エネルギーと共鳴できません。

プラスの言葉を使うようにすれば周波数はどんどん上がります。どうぞカレンダーを見て宇宙エネルギーをチェックするたびに、自分が日ごろ使っている言葉、心のあり方と照らし合わせてみてください。

言葉も毎日心に照らし合わせてみる、それを習慣づけることによって、人生は尻上がりに上向いていくはずです。

ツォルキンカレンダーで宇宙の叡智（えいち）にアクセスしよう

朝日新聞のコラム「天声人語」で読んだことなのですが、宇宙飛行士は宇宙から帰ってくるとある大きな変化が起こるというのです。不思議なほどみな一様に、帰還し

3章　深遠な宇宙の流れを味方に日々を有意義に生きる

た後は優しく、すばらしい人格者となっているというのです。

どんな存在にも世の中に存在することにはすべて意味があり、無駄なものは1つもない。宇宙に行くとそのことが「実感」として理解できるというのです。

宇宙のエネルギーに包まれると人は自我が消え、人に対して優しくなります。人間関係も好転するし、人生がスムーズに進むのです。

それは地球上にいたらできないかというとそうではありません。日々のエネルギーを意識することで、宇宙旅行に行ってきたのと同じ効果があるのです。

ツォルンキンカレンダー、それは宇宙の叡智、宇宙エネルギーへの偉大なるアクセスポイントなのです。

＊カレンダーの見方

ツォルキンカレンダーは、K1からK260までの日付となっています。まず巻末「西暦とマヤの対照表」で、ご自分のKINナンバーを探したときと同じように「今日」のKINナンバーを出してください。2012年4月1日だとした

> らK203です。112頁からのカレンダーでK203のところを見れば、その日の意識のポイントが記されています。宇宙エネルギーとの共鳴を実感し、異次元の喜びの境地に触れていただきたいのです。どうかご活用ください。

1サイクル13日間の過ごし方

ツォルキンカレンダーにしたがって、13日を1サイクルとして巡っていきます。その13日間はもちろん1日ごとに意識すべきエネルギーがあるのですが、サイクルによっても意識すべきこと、テーマがあります。13日間ずっと続くテーマなので、テーマが頭に入れておくといいでしょう。まずはそれを挙げておきましょう。

1〜13　新鮮な気持ちと慈愛の精神で出発

14〜26　すべてを許し受け入れる

3章　深遠な宇宙の流れを味方に日々を有意義に生きる

27〜39　粛々と遂行し体験しよう
40〜52　無条件の愛を注いでみよう
53〜65　志を立てる
66〜78　古き自分から新しい自分へ
79〜91　自己変革と日々の改善
92〜104　誠心誠意で信頼を得る
105〜117　自己コントロールと思いやり
118〜130　礼節を尽くす
131〜143　目の前の人が最高の縁
144〜156　気づきこそ豊かな人生の秘訣
157〜169　語り合うことで絆が生まれる
170〜182　家族愛を広げる（家族を思える人を増やす）
183〜195　心の豊かさがすべての豊かさにつながる
196〜208　挑戦こそ力の源

209〜221　徹することで使命に目覚める
222〜234　共感こそ最高の癒し
235〜247　心を整えるとシンクロが起こる
248〜260　美と調和で総仕上げ

それでは次ページからはいよいよツォルキンカレンダーを掲載します。このカレンダーは、私のマヤ暦の研究によって培ったものです。これを毎日チェックして、活用することで、驚くほどあなたの人生は好転するはずです。

260日、日々の言葉（カレンダー）

13日間のポイント　新鮮な気持ちと慈愛の精神で出発

	音	ポイント
KIN1	音1	進んで与え、心から受け取る。そこに愛の環が完結する。まず「孝」の実践から始める。天へ通じる第一歩の日。
KIN2	音2	不安は何かに挑戦し、無我夢中になると吹き飛ぶ。大胆な挑戦には緻密（みつ）な用意が必要。チャレンジ精神が希望を生む。
KIN3	音3	ターゲットが明確になるほど、集中力が増す。ありありとイメージすれば、エネルギーが満ちあふれてくる。
KIN4	音4	片づけに徹する日。まず身近な環境から。ポイントは捨てること。次に心の中。優先順位が心を整理してくれる。
KIN5	音5	誰かに思いを吐露する。放出した分だけ、エネルギーの循環が始まり、明るく前向きな気持ちになりやすい。
KIN6	音6	相手に対する思いやりがコミュニケーションの基本。学びの心がコミュニケーションを充実させてくれる。

3章　深遠な宇宙の流れを味方に日々を有意義に生きる

KIN13	KIN12	KIN11	KIN10	KIN9	KIN8	KIN7
音13	音12	音11	音10	音9	音8	音7
志は意識を高め、深めてくれる。高い意識に高い精神は宿る。志を高めてくれる人と会い、高めてくれる本を読む。	自分が感動した分だけ、多くの人を感化できる。感化の本質は「喜びの伝達」。人は心からの感動と喜びを待っている。	遊び心にヒラメキやアイデアがあふれ出る日。どんな問題も創意工夫で超えていける。深刻になるとすべてが閉ざされる。	家族愛を大きく広げることで、人生はより豊かさを増す。忠義を尽くすことで信頼が形となって現れる。	インスピレーションが自分を誘導してくれる。するのは、一切を天に委ねるという心の姿勢。アンテナをまっすぐに	より広い視点から物事を見つめる日。問題は環境や外にあるのではなく、いつも自分自身の中にある。	独特の分析力でエッセイでも書いてみる。体験が自分自身を育ててくれる。抱え込まず、順番に処理する習慣をつけよう。

13日間のポイント　すべてを許し受け入れる

	音1	陰徳積善（いんとくせきぜん）（陰で徳を積むこと）は、よい知らせを呼び寄せる。人の見ていないところこそ、本当の自分が現れる最も肝心な瞬間。
KIN 14		
KIN 15	音2	新たな挑戦が眼力を磨いてくれる。心を前向きにしてくれる時間、空間を確保すること。驚くほど仕事がはかどる日。
KIN 16	音3	正直さ、実直さで信頼が増す日。さらに思いやりが人望となる。協力関係を広げると大きく道は開ける。
KIN 17	音4	心のつながり「絆（きずな）」は、語り合うことから生まれる。絆は真の友情につながり、心を安定させてくれるもの。
KIN 18	音5	逆境が自らを訓練し、人間性をたくましく育ててくれる。問題やテーマと真摯（しんし）に向き合うこと。その姿勢に応援団が現れる。
KIN 19	音6	積極的に動きまわり、人事を尽くし天命を待つ。その姿勢に拡大の現象が巻き起こる。結果は天に任せ、余分なことは考えない。

3章　深遠な宇宙の流れを味方に日々を有意義に生きる

KIN 26	KIN 25	KIN 24	KIN 23	KIN 22	KIN 21	KIN 20
音13	音12	音11	音10	音9	音8	音7
1つのことに集中し没頭すると、予期せぬ出会いに恵まれる。自らのモチベーションを下げるものには目を向けないこと。	協力的に生きることで多くの仲間を得る。分かち合う心にさらに人も物も集まる。自己陶酔は孤立へと向かう。	過去のパターンや殻を打ち破ること。そのためにも積極的、自発的に物事にかかわる。力強い生命エネルギーに目覚める。	明確な夢や目標は必ず形となる。夢は超明確に書くことがコツ。それがいつしか現実体験に結びつく。	自らのメッセージを伝える秘訣は、誰よりも「傾聴」の姿勢を貫くこと。よく聞く人こそ、聞いてもらえるようになる。無意識にも応援される。	スケールが大きなことほど足元を固めること。熱い情熱は人々の心を動かす。共鳴者が増えると1オクターブジャンプする。	好きなことは何かを書いてみる。好きなことは集中を生む。いつしか趣味を超えて仕事になることも。心底からの思い込みは現実になる。

13日間のポイント　粛々と遂行し体験しよう

KIN32	KIN31	KIN30	KIN29	KIN28	KIN27
音6	音5	音4	音3	音2	音1
自分の長所を明確に知り、その上でそれをひたすら伸ばす。長所を極めれば一芸に通じ、自らの「切り札」となる。	抜群の順応性を持てば、どこへでも入っていける。目の前の人を喜ばせることで「縁」はどこまでも広がっていく。	自らを律し、限界に挑む。本当の厳しさを体験した者が、本当の優しさを知る。神の領域の一端を垣間見る日。	素直さは人々から愛される。認められてきたからこそ、素直になれる。素直に学び、すべてを吸収する。	小さな達成感を積み重ねる。そこから次のステージに進む。美の追求はやがて内面へと向かう。作品に魂が宿るとき。	体験が自らを育んでくれる。手間ひまのかかることにあえてチャレンジする。そこで自分の感覚が目覚めることを深く味わう。

3章　深遠な宇宙の流れを味方に日々を有意義に生きる

KIN33	KIN34	KIN35	KIN36	KIN37	KIN38	KIN39
音7	音8	音9	音10	音11	音12	音13
常に変わらず、「育む心」で人と接する。育む心は忍耐を生み、感性を磨いてくれる。いつもバランスを考慮すること。	癒しは、心に安らぎと落ち着きを与えてくれる。アウトドアがエネルギーを高めてくれる。慈愛が抱擁力をさらに増す。	踏まれてこそ強くなり、磨かれる。パートナーにはよき理解者を選ぶこと。必ず助けられる。モチベーションがすべて。	初志貫徹。妥協せず挑むことで現実となる。揺らがない信念は、日々の学びにより培われる。一生青春、一生勉強。	厳粛な気持ちで、今いる場所に根を下ろそう。グローバルに考え、地に足を着けてローカルに行動すること。	余計なことは考えない。心配は執着の表れに過ぎない。準備のあるところに「チャンス」は訪れる。	一途に惚れ込んで生きると周囲を巻き込むほどのエネルギーを持つ。惚れこんだ人や物と共に過ごす感覚が大切。

13日間のポイント　無条件の愛を注いでみよう

KIN 45	KIN 44	KIN 43	KIN 42	KIN 41	KIN 40
音6	音5	音4	音3	音2	音1
自己コントロールを意識する。心が整えば、インスピレーションとともに天に通じる。行くべき道が示される。	明るい黄色に意識を集中する。発芽のエネルギーに共鳴し、気づきのアンテナが広がり始める。黄色は理想も意味する。	夢の舞台は、日々の鍛錬の延長線上にあり。ありありとしたイメージが、目の前に展開される。従順さが夢を加速させる。	準備すれば風が運んでくる。譲る心がよりよい関係を築く。余裕がシンクロを招き、あせりがトラブルにつながる。	人へのサポートは最低限に。自立心を育てることが重要。慈愛を注ぎ、見返りを求めないこと。そのために尽くしたことを忘れる。	無条件の愛。そのためには、周囲の人々を自分の親や子どものように思うこと。すべては自分と一体である。

3章　深遠な宇宙の流れを味方に日々を有意義に生きる

KIN46	KIN47	KIN48	KIN49	KIN50	KIN51	KIN52
音7	音8	音9	音10	音11	音12	音13
継続は力なり。続けることで、信用とブランド力を手にする。下積みの努力が人格を高め、深めてくれる。	生まれながらの叡智と洞察力を呼び覚ます日。神秘の力は無我の境地で発揮される。「ハーモニー」の意識が問題を解決する。	心に栄養を与える日。それは学ぶこと。学ばない限り、意識がひたすら外に向かい、本質からずれていく。	自分の役割に気づくことで感覚が目を覚ます。絵画、音楽、クリエイティブな活動を通して忘れていた使命を思い出す。	忠義に生き、守るべきは守る信念あり。分け隔てなく施すことで絶大な人望を得る。新しい時代の幕開けを告げる。	奉仕の心とユーモアで変動期も超える。創意工夫で次々に物事を処理する。覚悟を決めるとすべてが終結へ向かう。	道理を貫くことで、目に見えない力に応援される日。他を認め、尊重することで予期せぬミラクルが待っている。

13日間のポイント 志を立てる

KIN53	KIN54	KIN55	KIN56	KIN57	KIN58
音1	音2	音3	音4	音5	音6
社会貢献と自分のしていることを結びつけることが力の源泉となる。人は少なからず人の役に立ちたい心あり。	リラックスが新たなアイデアと柔軟な思考に誘導する。決して人を責めたり裁いたりせず、許しの精神で接する。	結び、つなげることで新たな展開が生まれる日。タイミングをつかむ秘訣は、深い思いやりを持つことに尽きる。	専門分野を掘り下げる日。スペシャリストは、絞り込みの達人でもある。絞り込むことで、自らの立ち位置が明確になる。	リズムに乗るとすべてが加速し、スピードアップする日。語り合うことで内面が安定し、前向きな気持ちになれる。	重大な局面では英断を下すことも必要。不用意な発言は、失望につながる。覚悟を決めれば、すべてが好転する。

3章　深遠な宇宙の流れを味方に日々を有意義に生きる

KIN 65	KIN 64	KIN 63	KIN 62	KIN 61	KIN 60	KIN 59
音13	音12	音11	音10	音9	音8	音7
地道な積み重ねが、大きな自信となる。心を決めることで、迷いが吹き飛び、依存心が消える。	「分かち合う」とは喜怒哀楽を共にすること。自分の思いや考えに執着しない。プライドも捨て去ること。	体験したことが宝となり、大きな武器となる。未開拓のところに類いまれなチャンスが潜んでいる。独自の道を開く。	音楽を心底楽しもう。喜びの次元を高めることで、人生が飛躍する。何を喜びとして日々を生きるのか。何を考えるかで人生は決まる。	ときには、能天気になってみよう。先のことを考えず流れに任せる。ひたすら人々を勇気づけ、元気づける。育てる喜びを味わうこと。	「お陰さま」の精神は、「有り難さ」に通じ、喜びにつながる。一貫した姿勢と言動が信頼を増すポイントとなる。	テーマを絞って取り組むことで大きな成果を期待できる。全身全霊を傾けることでサポーターが出現する。

13日間のポイント 古き自分から新しい自分へ

KIN 71	KIN 70	KIN 69	KIN 68	KIN 67	KIN 66
音6	音5	音4	音3	音2	音1
相手への尊重で人は心を開く。長所の発見はコミュニケーションの扉を開けるカギ。互いに通じ合う喜びは時空を超える。	厳しさの背後に愛がある。感情的になると言葉で誤解を生む。「断捨離」は、思考まで変えてくれる有効な手段。	プロ意識はすべての作品レベルを飛躍させる。芸術の領域に至る道は、笑顔でわかりやすく語ると抜群の効果あり。マイナスとは共鳴しない。	相手を理解することにある。最高のもてなしは、相手に理解されることより、どこまでも妥協との闘い。己を尽くすこと。	もてなしの心を持つ。最高のもてなしは、相手に理解されることより、相手を認めることが大事。	委ねるという行為は、イーストがパンを膨らませるようなもの。委ねることによって生き生きとしたエネルギーに満たされ、心の豊かさを実感できる。

3章　深遠な宇宙の流れを味方に日々を有意義に生きる

KIN72	KIN73	KIN74	KIN75	KIN76	KIN77	KIN78
音7	音8	音9	音10	音11	音12	音13
情報は絞りに絞ること。聞き分ける能力で人生は雲泥の差となる。精度を増すには、執着を捨て、透明になること。	交流の中で視野が広がる。狭い意識は現実を大きくし、悩みを深くする。心引かれるところに大きなチャンスが潜んでいる。	自分に満足したり、正しいと思うと止まってしまう。逆転の発想は新たな支持者を獲得する。常に新たなサプライズを意識する。	板ばさみに合うことで、独特のカンに磨きがかかる。マイナス思考はトーンダウンにつながる。自省の念が局面を変える。	行動範囲を広げることで、幅が広がる。多方面からの考え方を知ると選択肢が増える。待つことで成長することもある。	相談されてこそ本領が発揮できる。頼られるのもうれしいもの。本当の大人は「負けるが勝ち」を実践できる。	枠にはめて考えると自分が苦しくなってくる。果てしない宇宙をイメージすると小さなこだわりに意識が向かなくなる。

13日間のポイント　自己変革と日々の改善

KIN79	KIN80	KIN81	KIN82	KIN83	KIN84
音1	音2	音3	音4	音5	音6
理解者の存在は人生を豊かなものにしてくれる。信じるものがあればこそ、人はパワフルになれる。思いの強さが現実を引き寄せる。	愛することは尊重すること。尊重すれば譲ることも可能となる。与えることで本当の豊かさと喜びを知る。	責任感は「統合意識」に通じる。悩みを抱えるからこそ、人の悩みがわかる。困難の中で何に気づくか。	伝えたいメッセージは何か。わかりやすくまとめてみる。人生の「妙」を味わう。	心の豊かさがすべての豊かさにつながる。たくさんの汗と涙を流したからこそ心は育ち、人も活かせる。	のめり込んでこそ気づき、多くのことが浮かんでくる。のめり込むとは、本気であり真剣な証拠。ここで人は多くのことを学ぶ。

3章　深遠な宇宙の流れを味方に日々を有意義に生きる

KIN 91	KIN 90	KIN 89	KIN 88	KIN 87	KIN 86	KIN 85
音13	音12	音11	音10	音9	音8	音7
心の反応を意識すると芸術につながる。喜びを伝えることを意識するとヒラメキがあふれ出る。たまには環境を変えてみる。	喜怒哀楽を共有する人を増やす。家族の拡大のようなもの。懐かしい気持ちが安らぎへと導いてくれる。	心の周波数を上げれば、誰でもある程度の予知はできる。没我、忘我、無我の境地に至ることで周波数は一気に上がる。	人には要求せず、期待せず、責めず。実践すれば、不平不満とは無縁の生活。自らには、厳しく律すべし。	熱く語る以上に、ひたすら聞く。相手を理解し、尽くす。そこに相互の喜びあり。真剣さは感動を生む。	人と会い続けることで確かなつながりができる。世界に出る。大きなスケールは謙虚さを与えてくれる。	学ぶことで自らの感情をコントロールする。自分の立場を超えたところに次のステージが待っている。求めないこと。

13日間のポイント　誠心誠意で信頼を得る

KIN 92	KIN 93	KIN 94	KIN 95	KIN 96	KIN 97
音1	音2	音3	音4	音5	音6
こだわりが「味」を出す。希望的な発言に人望が集まる。希望とは自分自身が変わること。希望を感じられる人は、明るく前向きな人。	勇気を出してリスクを負うべき日。馴染みのない領域が、度量を広めてくれる。未知への挑戦が勇気を奮い起こしてくれる。	透明になったとき、魔法があなたの中を自由に流れるようになる。常に自然体でありのままの姿で、何も要求せず。	たとえ他人にどう思われようと、自分を信じ、夢とビジョンを生きる。マイナスと感じるものには一切かかわらない。	一途に進めば信頼を得る。見識を広げないと、自分自身のストレスが増す。物事にはさまざまな側面があることを知る。	自分のペースを守ることも大切。無理すると、後でツケが回ってくる。あせって結論を出す必要はない。

3章　深遠な宇宙の流れを味方に日々を有意義に生きる

KIN104	KIN103	KIN102	KIN101	KIN100	KIN99	KIN98
音13	音12	音11	音10	音9	音8	音7
節度を意識することで、宇宙の加護を受ける。まいた種は、時間とともに必ず実となる。再出発がなされる。	助言・苦言には真剣に耳を傾けよう。公的意識がすべてを守ってくれる。	機転が利くのは、そこに意識があるから。こだわりは、芸術性に通じ、1つのスタイルを作り上げる。	身内に施すことで喜びを感じる。新しい人との触れ合いでパワーアップ。限界を超えて次のステージへ。	公平無私な姿勢に真のリーダー像あり。責任を持つとすべてが解消へ向かう。本番でこそ成長する。	孤独感・孤高の中で、悟ることあり。プライドを捨てることで格段に理解者が増大する。日々改善の意識が成長を加速させる。	グローバルな意識を持つことで自分なりの枠は外れる。無条件に認めること。それは「愛する」ことにつながる。

13日間のポイント 自己コントロールと思いやり

KIN110	KIN109	KIN108	KIN107	KIN106	KIN105
音6	音5	音4	音3	音2	音1
懐かしさや親近感を感じた人は運命の仲間。怒り、恐れ、嫉妬は果てしない感情のドラマを作るだけ。	自分を支え、応援してくれる人とつきあう。深い感情を呼び起こす色、香り、リズムを見つけよう。	道案内人の役割に生きる日。あまり考えず、もっとシンプルになること。シンプル思考は余計なものを削ぎ落とすことから始まる。	鋭い分析力が問題解決を容易にする。始めたことを1つひとつ最後まで流れるようにやり遂げる。	葛藤は才能に結びつく。目一杯、エネルギーを放出することで心が落ち着く。スポーツ、音楽など積極的に挑戦する。	受容とは相手の長所を認めること。好き嫌いは一時的な感情でしかない。自らの成長で環境までも変えることができる。

3章　深遠な宇宙の流れを味方に日々を有意義に生きる

KIN117	KIN116	KIN115	KIN114	KIN113	KIN112	KIN111
音13	音12	音11	音10	音9	音8	音7
真剣に応援することで限りない高揚感を味わう。熱意は多くの人を動かす。	直感に耳を澄ませる。動物が本能に導かれるように。内なるメッセージをハッキリ聞く力を発揮する。	「自我を削る」とは、一切の執着から解き放たれること。魔法を感じるには研ぎ澄まされた感性と畏敬(いけい)の念が必要。	ポジティブなビジョンと意識が、慈愛と優しさを生み出す。崩壊のプロセスを心から受け入れることで新たな出発ができる。	目の前のことに真摯に取り組むこと。奉仕を通じ、分かち合うことで孤独感が霧散する。慈愛を振りまく。	心から楽しいと思う充足感は、自分の栄養となる。すべての期待を手放す。不足感は思考を変えることで解決する。	創造性と遊び心で好きなことに集中する。答えは思いもよらずやってくる。心を開き、純真さを取り戻し、愛そのものを体感する。

13日間のポイント　礼節を尽くす

KIN118	音1	空になり、素になり、静寂になると見極めの力が動き出す。有り難いという心がすべてを誘導してくれる。
KIN119	音2	深い絶望は変換への出発点。生まれ変わろうとする決意がすべてを根底から変える。そこで本当の自分と出会う。
KIN120	音3	無条件の愛を表現すると意識の次元がジャンプする。愛と共感を携えて人々と交流する。本当の自由を体感する。
KIN121	音4	信頼をベースに、ことごとく紛争を解消する。教えることが自分への最高の教育となる。識別力を上手に使う。
KIN122	音5	先が見えないときは、まず足元を固めること。あせらず、呼吸を整え、静寂に至れば、追い風が吹き始める。
KIN123	音6	文章を書いたり、日記を書くことで、無意識のイメージが表面に浮上してくることがある。すると夢がハッキリと見えてくる。

3章　深遠な宇宙の流れを味方に日々を有意義に生きる

KIN124	KIN125	KIN126	KIN127	KIN128	KIN129	KIN130
音7	音8	音9	音10	音11	音12	音13
束縛している過去のパターンの殻を打ち破る。自らの成長を強く意識する。大きな可能性が開けてくる。	「親密さ」は人との距離を縮めてくれる。1つになることが最高の喜び。	自分を許し、他人を許す。本当の自由を手にすることで、「希望の光」が本格的に見えてくる。	最後までやり遂げるためにもプロジェクトチームを作る。ときには、オアシスで休憩し、リフレッシュする。	削ぎ落としてこそ、本質が見えてくる。単純な美しさをどこまでも追求する。美しさは必ず調和へとつながる。	のびのびとしたスペースを作る。認識の幅を広げると、理解力が深まり、多くの人々に頼りにされる。	自然な親しみを感じるのは、運命の仲間の印。所有欲を捨てることで、本当の信頼を得る。考え込まないで進むこと。

13日間のポイント　目の前の人が最高の縁

KIN131	音1	真の「賢さ」は、相手に対する尊敬と深い思いやりから生じる。ゲーム感覚で、楽しみながら困難を乗り越える。
KIN132	音2	平凡を続ける非凡さがミラクルを呼び寄せる。感謝の気持ちが、日々の習慣を新鮮に塗り替えてくれる。
KIN133	音3	苦悩と立ち向かい、必死に取り組む。そこに協力者が現れ、ガイドされる。すべて視点を変えるところから改善は始まる。
KIN134	音4	許容範囲を広げることでトラブルは激減する。良心の「レベル」を高めることが、究極の安心感につながる。
KIN135	音5	もう1つ細かい領域まで目を行き届かせる。「神は細部に宿る」。どこまで心を注入できるかですべてが決まる。
KIN136	音6	プライドを捨てることでインスピレーションが機能し始める。細かい配慮があってこそ大胆な行動が実を結ぶ。

3章　深遠な宇宙の流れを味方に日々を有意義に生きる

KIN137	KIN138	KIN139	KIN140	KIN141	KIN142	KIN143
音7	音8	音9	音10	音11	音12	音13
何かに激しく反応すると、分離を生み出す傾向あり。拡大解釈は真実を遠ざける。冷静に考え、行動する。	自分の弱さや欠点は、強力な味方でもある。それは明らかに自分の最高の教師となってくれる。飛躍のチャンスをくれる。	自分の意志で、一瞬一瞬、選ぶこと。大変革が可能となる。些細なことに真剣にかかわることで、絶大な信頼を得ることができる。依存は解放と自由を閉ざす。劇的改革はすべてを天に任せてこそ成り立つ。	すべてをかけて取り組むことで、大変革が可能となる。崩壊は変化であり浄化である。	型にはまったもの、凝り固まったものを改革する日。見せかけがはがれて真の自己が現れる。	相手を尊重する気持ちがあれば自然に譲ることができる。喜びを持って事を成すことが大切。無理があると長くは続かない。	人にはそれぞれ、その人の「徳分」あり。それに気づいて大切にする。心に決めれば、すべてが成就へ向かう。

13日間のポイント　気づきこそ豊かな人生の秘訣

KIN144	KIN145	KIN146	KIN147	KIN148	KIN149
音1	音2	音3	音4	音5	音6
心からの夢や願いを込めた種をまず植える。受け入れる姿勢が種を発芽させるには最も適した状態。驚くほど芽吹く。	瞬間の直感に従って行動する。"しがらみ"から脱するには、大胆に挑戦すること。ときには環境を変えてみよう。	怒りはすべてを失う原因になることもある。プライドをなくすことでいら立ちは激減する。人生修行と考える。	"疎外"を超えるには、受ける側から与える側にまわること。過度の期待は不平不満につながる。集中すると完成に近づく。	問題解決を外に求めるのではなく、内に求めること。直言は、思いやりがなければトラブルのもとになる。	感受性の豊かさは芸術性に通じる。応援してくれ、支えてくれる人とだけ親しみを持ってつきあうこと。

3章　深遠な宇宙の流れを味方に日々を有意義に生きる

KIN156	KIN155	KIN154	KIN153	KIN152	KIN151	KIN150
音13	音12	音11	音10	音9	音8	音7
"絞る"ことが、迷いをなくし、完成への道を切り開く。実質の実りに的を絞り、早めに整理を始める。	雲1つないさわやかで希望に満ちた新しい夜明けをイメージする。慈愛にあふれた思いが湧き上がり、心が整う。	斬新なアイデアは、「想定外」からやってくる。エネルギーが自由に流れ出す日。	思いやりに根ざした純粋な心が、シンクロを引き寄せる。言葉の用い方、使い方が、後どの関係を大きく左右する。	極みの道を行くには、勇気を持って積極果敢に。長所をしっかり認識し、いかに磨くかを日々考え、研究する。	喜びの気持ちがヒラメキを運んでくる。深刻になりすぎるとすべての機能が停止する。明るく前向きになるところへ行こう。	自分への正直さが周囲から信頼される結果を生む。誠実さに人は感動する。率先垂範(すいはん)することで説得力を持つ。敬虔(けいけん)な気持ちで意識を

13日間のポイント　語り合うことで絆が生まれる

KIN157	音1	中心に立つということは、同時に責任があることを自覚する。寂しさは「与える側」に立たない限り、解消することはない。
KIN158	音2	怒りや怖れ、嫉妬心は自分の問題を他人に投影していることから起こるもの。そこに向き合うことで一歩前進。
KIN159	音3	理解者や協力者の存在が心を安定させ、前向きにさせてくれる。日々、自らが協力的姿勢で奉仕する。
KIN160	音4	災いは、心の軌道修正のために起こると考える。調子にのりすぎてはいけない。学問、技芸を磨く。
KIN161	音5	無条件に信頼し与えたときは、相手の反応は気にならないもの。エゴは期待や条件つきとなる。見返りを求めず。
KIN162	音6	わかりやすく感動を伝える。その姿勢が大きな共感を呼び、うねりとなり流れとなる。人は「感動」を欲している。

3章　深遠な宇宙の流れを味方に日々を有意義に生きる

KIN169	KIN168	KIN167	KIN166	KIN165	KIN164	KIN163
音13	音12	音11	音10	音9	音8	音7
新しい学びを受け入れるたびに、純度が高まってくる。新鮮なエネルギーが最高の浄化と改革をもたらしてくれる。	約束していた共通のミッションを達成するために、仲間が自然と集結する。調和的に生きるためには、「寛容さ」が必要。	動き回ることでヒラメキ、心身ともに安定する。はすべて必要なプロセスであったと認める。今までに起きたこと	積み重ねの精神で確かな内容を身につける。沈黙の力を実感する。安易な考えは、行くべき道を狭める結果となる。	生まれ変わりたいという欲求は自然な思い。"五感"を強く意識することで、覚醒に至る。そこから変化が始まる。	リスクを冒しても、自分自身をさらけ出す。心ときめく出会いが待っている。れる。	神秘の探求は、誰もが心引かれるもの。夢は確実に現実を創り出すことになる。より公的な夢を創り出す。貢献へとつながる。

13日間のポイント　家族愛を広げる（家族を思える人を増やす）

KIN170	KIN171	KIN172	KIN173	KIN174	KIN175
音1	音2	音3	音4	音5	音6
人に仕え、一体となる。この喜びは、無限に広がる。忠実に仕えることで、本当のリーダーの資格を得る。	感受性や柔軟性、のびやかさを忘れないように。自らの心を深く満してくれる仕事を見つける。困難なときほど、楽しみを考えよう。	豊かさを感じる空間や物をイメージする。豊かさの感覚が周波数を大いに高めてくれる。情報交換でモチベーションが上がる。	限定された信念、考えなどにしがみつかないこと。未知の領域が自らを新たな次元に誘導してくれる。果敢に進む。	"誠実さ"を積み重ねる生活が、人々に愛と光をもたらす。やがて傷も癒え、視界が晴れわたってくる。	ポジティブなビジョンと意識を持つ。一人が全体に影響を与えることで集合意識が形成され、地球規模の変化が起こる。

3章　深遠な宇宙の流れを味方に日々を有意義に生きる

KIN182	KIN181	KIN180	KIN179	KIN178	KIN177	KIN176
音13	音12	音11	音10	音9	音8	音7
意識を集中し、意図を明確にする。一貫性を持って意識を集中させることができれば、現実を創り出すことになる。	分をわきまえ、分かち合う。友人と協力することで、困難を突破。あせらず内部を固めると展開が変わる。	共感に満ちた愛は理解と包容力にあふれている。どんな制約からも解放されている。大きな歓喜が自然に湧き上がる。	変容のプロセスはどんなに怖れを感じても、あなたに役立つために起きている。失うことは、さらに大きなことを得ること。	決断すると進む方向が明らかに見えてくる。甘えがすべてを曇らせる。影の部分は、成長と進化が必要なことを教えてくれる。	しっかりした協力体制を組むことで画期的結果が出る。心に響く学びは、自らの支えとなる。結論は自然に出るもの。	「信頼」は高次の導きを受け取るための要因。「腑（ふ）に落ちた感覚」を大切にする。信頼は守ることから始まる。

13日間のポイント　心の豊かさがすべての豊かさにつながる

KIN	音	ポイント
KIN183	音1	すべての豊かさは、心の豊かさに起因する。「豊かさとは与えること」をいかに実行するかにかかっている。
KIN184	音2	安定や保護、現状維持の発想からは可能性は芽吹かない。大胆に殻を破るために、リスクを冒しても挑戦。
KIN185	音3	ロマンと冒険は、挑戦意欲をかきたてる。他人の視線や批評を気にしすぎないこと。無限の協力が待っている。
KIN186	音4	執着を捨て手放さないかぎり、新しい境地へたどり着けない。真剣に「死」を見つめることで大切なものが見えてくる。
KIN187	音5	真剣に取り組むことでさまざまなツールや道具が与えられる。何事もスピードアップすると流れに乗る。
KIN188	音6	失意のときに、既に希望の芽が吹き出ている。希望が明るさを生み出し、エネルギーの循環をよくする。

3章　深遠な宇宙の流れを味方に日々を有意義に生きる

KIN195	KIN194	KIN193	KIN192	KIN191	KIN190	KIN189
音13	音12	音11	音10	音9	音8	音7
瞑想する時間を取り、自らの内面を満たすことに意識を注ぐ。満たされたとき、見えない力に後押しされていることを実感する。	自然体に人は安心感を覚える。考えるのをやめてシンプルになる。誠実さに磨きをかけると魔法のような出来事が自然に起こる。	孤独や不安を感じたときは、奉仕の精神で周囲を明るく照らすこと。時間とともに多くの人が集まってくる。	歌が心を満たし、自らの心を調整する。食事や運動でエネルギーの流れをサポートする。	深刻さは視野を狭くし、暗闇の世界へ引導する。長所を用いた社会貢献を意識い心の状態にしか湧き上がらない。創意工夫は、柔らか	忠実に物事に取り組み、不安と孤独を超越する。魂の成長を意識したとき、すべての不安から脱却する。	ある程度の結果が出るまで粘り強くこだわる必要あり。自己転換して新しいリズムで生きようとすると、心地よい領域に案内される。

13日間のポイント　挑戦こそ力の源

KIN	音	ポイント
KIN196	音1	自分のフィーリングを信頼すること。信頼しないと永遠の問いがいつまでも続く。真理に至る扉は自らの内側にある。
KIN197	音2	地に根ざし、足裏から入ってくるエネルギーに注目する。目的を同じくする人と相乗効果が生まれる。
KIN198	音3	信頼できる友人に忌憚ない意見を求める。自分の視点を手放し、他の視点を学ぶ。未解決の問題に終止符を打つ。
KIN199	音4	正直な自分の思いが大きなパワーとなって人々を巻き込む。学びを深めることでさらにパワーは増大する。
KIN200	音5	思い通りにいかないところから学ぶ。忍耐で人格は練られるもの。愛は忍耐強く情け深いものである。
KIN201	音6	決して動じない姿勢は、天に任せる思考から。不変の中に真理を見出す。いつの時代も「黄金律」は変わらない。

3章　深遠な宇宙の流れを味方に日々を有意義に生きる

KIN208	KIN207	KIN206	KIN205	KIN204	KIN203	KIN202
音13	音12	音11	音10	音9	音8	音7
それぞれの教えの中にある真理を受け入れ、自分自身の道を歩む。己の心に従うことを意識する。	否定は、謙虚へ誘導してくれる術でもある。体験をすべてプラスに解釈しよう。多くの人が限りなく癒される。	互いを尊重してこそ、架け橋となる。自らの利害を超えたところに、絶大な信頼を得る。不可能が可能となる。	明確なビジョン、構想が無限なる力を生む。全身全霊を投入したものは輝きが違う。形になるまで粘り抜く。	のめり込んでこそ覚醒される。芽吹いたときの影響力は他の存在をも覚醒させる。依存からは何も生まれない。	自己の限界を越える。思考の枠組みを大きく広げる。意識することは、時間とともに形となって現れる。	異なる考えを認める度量が問われる。前向きな反省が新たなエネルギーを生む。大きな感動は、魂を揺さぶる。

13日間のポイント 徹することで使命に目覚める

KIN	音	ポイント
KIN209	音1	極めるために、「本当の自分」を意識すること。自らのミッションに気づき、目覚めたとき、大いなる飛躍が可能となる。
KIN210	音2	友人や仲間との関係を見直す日。関係の中に多くの贈り物が隠されている。真剣に向き合うことで真の自己を見い出す。
KIN211	音3	無から有を生む。創造性は楽しい気持ちに生ずる。いらだちや怒りは傷ついたインナーチャイルドの叫び。笑顔あふれる環境を。
KIN212	音4	日々、充足を感じるくらい自分の長所に磨きをかける。他者を認めることで自分も認められ、多くの協力を得ることが可能となる。
KIN213	音5	「底力」は不可能を可能にする。未知の領域に立ち向かい、限界を超える。新しい思考パターンを取り入れる。
KIN214	音6	考えすぎると取り越し苦労に結びつく。支配、権力に対する願望を捨て去ることで、誠実さと一貫性が顔を出す。

3章　深遠な宇宙の流れを味方に日々を有意義に生きる

KIN215	KIN216	KIN217	KIN218	KIN219	KIN220	KIN221
音7	音8	音9	音10	音11	音12	音13
ラベンダー色に意識を集中させる。自らの役割を思い出すきっかけとなる。自分と夢を信じる。そこから変化が起こる。	自分の考えに固執すると「分離意識」につながる。柔軟性は意識を拡大し、忍耐力を増してくれる。実直さと思いやりで信頼を得る。	十分な裏付けをとってから発言する。結論をあせらないこと。グローバルな視野がよりよい結論に誘導してくれる。	現実と向き合い、未解決の問題に明確な答えを示すとき。覚悟の英断に共鳴は起こる。見極めは透明になることで、自然と示される。	のめり込むことで、心の隅に潜む問題に気づく。エネルギーを徹底的に放出することで、一気に変革が始まる。	尽きることのない無限の愛で周囲を明るく照らす。責任意識は一体感をもたらしてくれる。慌てず、じっくりと進む。	集中するとインスピレーションが降り注がれる。高め、深める意識が大切。品性はその人の思考レベルが反映されたもの。

13日間のポイント　共感こそ最高の癒し

KIN222	音1	思い込みや固定概念を手放し、真実に正直に生きる。執着心を捨てることでマイナスエネルギーを解き放つ。
KIN223	音2	地道な努力が形となる。内省の姿勢を持つことで思いがけない贈り物を受け取る。聖域は、私利私欲を超えた世界にある。
KIN224	音3	感動、感激を刻んで生きる。その延長上に覚醒が待っている。芸術とかかわることが、多くの気づきを得る道。
KIN225	音4	ひたすら公益に生きることで多大な影響力を持つ。執着は分裂と不和を生む。イライラと怒りはマイナスの共鳴を起こす。
KIN226	音5	何を考え、願うかで人生は決まる。「断捨離」の実践が、魂の成長を加速させてくれる。その後、天啓が降りてくる。
KIN227	音6	過去を肯定する。必要なプロセスを経て今がある。スピリチュアルな能力が開化する。そのためには、1つひとつを確実に成し遂げる。

3章　深遠な宇宙の流れを味方に日々を有意義に生きる

KIN228	KIN229	KIN230	KIN231	KIN232	KIN233	KIN234
音7	音8	音9	音10	音11	音12	音13
自分の感情や人間関係、環境を調和に満ちたものとする。この調和が変革へ誘導してくれる。決して裁かず、責めず。	共鳴する者が一定人数を超えると自らの使命に目覚める。改革の精神が、新しい分野を切り開く。社会的役割に徹する。	人々を照らし、喜びをもたらす意識がエネルギーの元となる。役務に仕える姿は、人々の忠義の心を喚起する。	助言や進言に対して真摯に耳を傾ける。過信は足元から崩れる結果を生む。「有り難い」という気持ちが、よい結果を招く。	準備することで、達成感と充足感を体感する。こだわりは本物指向へと結びつく。感情が入るとワガママとなる。	創業にかかわることで多くを学ぶ。リスクを負うことで意識に変化が生じる。今までより優しく理解ある目で周囲を見る。	大胆に捨てることで展開が大きく変化する。魔法のエネルギーが全身を駆け巡る。魔法と奇跡の力が現れるとき。

13日間のポイント　心を整えるとシンクロが起こる

	KIN235	KIN236	KIN237	KIN238	KIN239	KIN240
	音1	音2	音3	音4	音5	音6
	希望とビジョンを胸に抱き、すべてのハートが1つになる日。意識し続けると、心が慈愛に満ちてくる。	創業への挑戦が、輝きを増してくれる。パワーの源は、支えてくれる人。内なる声に耳を澄ます。信頼は応援される秘訣。	しっかり腰を据えて観察し、研究を続けることでシンクロが引き寄せられる。3回繰り返して結果を出す。新たな展開の予感。	自分なりの判断は人を生かすことにならない。幻想が感覚を狂わす。自らの視点を手放すと現実が正しく見えてくる。	自分を大切にすることを忘れない。信じて委ねることは、忍耐と育む心を生む。人は助け合いの中で生きている。	公義を宣言し、一貫した姿勢を持てば結束が成される。集合意識は大きな波となり、大きな成果を巻き起こす。

3章　深遠な宇宙の流れを味方に日々を有意義に生きる

KIN247	KIN246	KIN245	KIN244	KIN243	KIN242	KIN241
音13	音12	音11	音10	音9	音8	音7
力強く宣言することが自身をガイドしてくれる。今まで注いできたポジティブなエネルギーが形になろうとしている。	すべてを受け入れ許すことは、すべてを手放し明け渡すこと。透明感が増すとあらゆる問題も処理可能となる。	情熱のパワーをクリエイティブな表現のために使う。浄化はさまざまな感情を洗い流してくれる。	芽吹いた種が形となる。心の奥底から湧き上がるフィーリングに従いながら具現化を意識する。依存心を捨て、自力で。	具体的に夢のグランドデザインが見えてくる。夢実現を強くバックアップしてくれる。	息の合う人間関係を構築する。呼吸はまず吐くことから始まる。反省と悔い改めでマイナスエネルギーを放出する。	真理を探求し、真実に生きる意識は、精神を高揚させる。必要なものはすべて宇宙が供給してくれる。心を込めて見守る。

13日間のポイント　美と調和で総仕上げ

KIN	音	ポイント
KIN248	音1	高い意識がさらに自らに磨きをかけてくれる。美の追求が視野を広げ、ことの本質へ誘導してくれる。作品作りは自分磨き。
KIN249	音2	プラスの発想が未来を明るいものにする。転ぶなかで、自我が削られ、相手への尊重を学ぶ。起き上がるときに覚醒する。
KIN250	音3	支えられていない孤独感は、新しい始まりの合図。自らの感情を一歩引いて冷静に見つめる。懐かしさが心を癒してくれる。
KIN251	音4	感謝の気持ちの強い人は、愛され応援されやすい。「有り難さ」の積み重ねが人生を拓く。当たり前など何1つないことを自覚する。
KIN252	音5	自分を満たすことができるのは自分しかいない。そのため自らを「空」にする。すべてを委ね任せる。光と調和で満たされる。
KIN253	音6	生き生きとしたバランスの取れた生き方を意識する。夕焼け色に意識を集中すると、無条件に育む愛があふれ出る。

3章　深遠な宇宙の流れを味方に日々を有意義に生きる

KIN254	KIN255	KIN256	KIN257	KIN258	KIN259	KIN260
音7	音8	音9	音10	音11	音12	音13
職人気質の一途さは、自分や他人に正直でいたいという気持ちに通じる。人々に対する「畏怖（いふ）の念」が自我を削ってくれる。	心の高揚感が、高いレベルの共鳴を呼び寄せる。分離意識を遮断（しゃだん）する。1つになる喜びが覚醒につながる。	明確な理想が行く道を案内してくれる。途中、崩れる中で本当の自分が見えてくる。削られてこそ、究極にたどり着く。	あせらず悠々自適に結論を待つ。忍耐強く育てるのが母性。静かに思いをめぐらせる。今という瞬間は二度と戻ってこない。	目の前の現実は、自らの心の反映。逆境は自分を高め訓練してくれる。心から感謝することで現実までもが変化する。	縁の下から支える存在は地味。一番大切なものは見えない部分。木は根っこ。見えない部分で事はすべてが決する。役割に徹する。	優雅さと品性はにじみ出るもの。無条件の愛は天に通じ、予期せぬ奇跡が。無限の歓喜は「イン・ラケッチ（私はもう一人のあなた。あなたはもう一人の私）」の世界。

エピローグ　マヤの実践で充実した生活を

マヤ暦にのめり込み、研究を始めてまだたった8年ですが、マヤを学べば学ぶほど、その叡智のすばらしさに感動するばかりです。

前著にも書きましたが、宇宙飛行士の野口聡一さんと山崎直子さんは特筆すべき関係にあります。

野口さんがまず宇宙に行き、その次に山崎さんがフォローに向かいました。この二人のKINナンバーは野口聡一さん222、山崎直子さん223です。

全部で260あるKINナンバーのうち、「連番」になるなどというのは奇跡的な確率です。

マヤは配列で役割を見事に示してくれています。

人生とはパズルのピースをはめていって一枚の絵を完成させるようなものです。役割はすべて決まっているのです。

マヤはそのすべてを教えてくれます。

マヤを知りマヤを実践することは、人生において、精緻で万能なナビゲーション・システムを手に入れるようなものといっていいでしょう。

エピローグ　マヤの実践で充実した生活を

これほどまでにすごい叡智を有していたマヤとは、いったいどんな文明だったのでしょうか。

マヤ人が非常に精巧な暦を持っていたことは有名ですが、高度な天文学以外にも0の概念を持ち、非常に高度な数学を持っていたこと、巨大なピラミッドの建設など、非常に高度な知能を持っていたのです。

しかし、その実態はいまだわからないことが多く、考古学者の間でも「謎の古代文明」と呼ばれています。

マヤ人は宇宙人だという説も登場しています。

なぜならマヤ文明はある日、突如消えてしまい、その後マヤ人がどこに行ったのか、その行方もわかっていないからです。

現代考古学では説明のつかない高度な文明、そして忽然と姿を消す立ち去り方、これはまさにどこか高度文明を有する宇宙から来た宇宙人でしかなしえないことなのではないかと考えてしまいます。

マヤを研究する中、ひょっとしてそれは真実なのではないかと私には思えるのです。

マヤでいろいろな人の関係性を見ていると驚くべき事実が浮かび上がり、すべて説明がつくのです。

人間関係の謎が解け、自分の人生のミッションの謎が解ける。こんな学問はマヤでしかありえないことだと思います。

マヤを知れば知るほど、人生は深く、そして楽しくなっていきます。

みなさんもどうかマヤを学び、マヤで人生に光を見いだしてください。マヤ暦との出合いにより、一人でも多くの方に感動と喜び多い人生が訪れることを願ってやみません。

越川宗亮

西暦とマヤ暦の対照表

1910・1962・2014年

	1月	2月	3月	4月	5月	6月	7月	8月	9月	10月	11月	12月
1	63	94	122	153	183	214	244	15	46	76	107	137
2	64	95	123	154	184	215	245	16	47	77	108	138
3	65	96	124	155	185	216	246	17	48	78	109	139
4	66	97	125	156	186	217	247	18	49	79	110	140
5	67	98	126	157	187	218	248	19	50	80	111	141
6	68	99	127	158	188	219	249	20	51	81	112	142
7	69	100	128	159	189	220	250	21	52	82	113	143
8	70	101	129	160	190	221	251	22	53	83	114	144
9	71	102	130	161	191	222	252	23	54	84	115	145
10	72	103	131	162	192	223	253	24	55	85	116	146
11	73	104	132	163	193	224	254	25	56	86	117	147
12	74	105	133	164	194	225	255	26	57	87	118	148
13	75	106	134	165	195	226	256	27	58	88	119	149
14	76	107	135	166	196	227	257	28	59	89	120	150
15	77	108	136	167	197	228	258	29	60	90	121	151
16	78	109	137	168	198	229	259	30	61	91	122	152
17	79	110	138	169	199	230	260	31	62	92	123	153
18	80	111	139	170	200	231	1	32	63	93	124	154
19	81	112	140	171	201	232	2	33	64	94	125	155
20	82	113	141	172	202	233	3	34	65	95	126	156
21	83	114	142	173	203	234	4	35	66	96	127	157
22	84	115	143	174	204	235	5	36	67	97	128	158
23	85	116	144	175	205	236	6	37	68	98	129	159
24	86	117	145	176	206	237	7	38	69	99	130	160
25	87	118	146	177	207	238	8	39	70	100	131	161
26	88	119	147	178	208	239	9	40	71	101	132	162
27	89	120	148	179	209	240	10	41	72	102	133	163
28	90	121	149	180	210	241	11	42	73	103	134	164
29	91		150	181	211	242	12	43	74	104	135	165
30	92		151	182	212	243	13	44	75	105	136	166
31	93		152		213		14	45		106		167

1911・1963・2015年

	1月	2月	3月	4月	5月	6月	7月	8月	9月	10月	11月	12月
1	168	199	227	258	28	59	89	120	151	181	212	242
2	169	200	228	259	29	60	90	121	152	182	213	243
3	170	201	229	260	30	61	91	122	153	183	214	244
4	171	202	230	1	31	62	92	123	154	184	215	245
5	172	203	231	2	32	63	93	124	155	185	216	246
6	173	204	232	3	33	64	94	125	156	186	217	247
7	174	205	233	4	34	65	95	126	157	187	218	248
8	175	206	234	5	35	66	96	127	158	188	219	249
9	176	207	235	6	36	67	97	128	159	189	220	250
10	177	208	236	7	37	68	98	129	160	190	221	251
11	178	209	237	8	38	69	99	130	161	191	222	252
12	179	210	238	9	39	70	100	131	162	192	223	253
13	180	211	239	10	40	71	101	132	163	193	224	254
14	181	212	240	11	41	72	102	133	164	194	225	255
15	182	213	241	12	42	73	103	134	165	195	226	256
16	183	214	242	13	43	74	104	135	166	196	227	257
17	184	215	243	14	44	75	105	136	167	197	228	258
18	185	216	244	15	45	76	106	137	168	198	229	259
19	186	217	245	16	46	77	107	138	169	199	230	260
20	187	218	246	17	47	78	108	139	170	200	231	1
21	188	219	247	18	48	79	109	140	171	201	232	2
22	189	220	248	19	49	80	110	141	172	202	233	3
23	190	221	249	20	50	81	111	142	173	203	234	4
24	191	222	250	21	51	82	112	143	174	204	235	5
25	192	223	251	22	52	83	113	144	175	205	236	6
26	193	224	252	23	53	84	114	145	176	206	237	7
27	194	225	253	24	54	85	115	146	177	207	238	8
28	195	226	254	25	55	86	116	147	178	208	239	9
29	196		255	26	56	87	117	148	179	209	240	10
30	197		256	27	57	88	118	149	180	210	241	11
31	198		257		58		119	150		211		12

西暦とマヤ暦の対照表

1912・1964・2016年

	1月	2月	3月	4月	5月	6月	7月	8月	9月	10月	11月	12月
1	13	44	73	103	133	164	194	225	256	26	57	87
2	14	45	74	104	134	165	195	226	257	27	58	88
3	15	46	75	105	135	166	196	227	258	28	59	89
4	16	47	76	106	136	167	197	228	259	29	60	90
5	17	48	77	107	137	168	198	229	260	30	61	91
6	18	49	78	108	138	169	199	230	1	31	62	92
7	19	50	79	109	139	170	200	231	2	32	63	93
8	20	51	80	110	140	171	201	232	3	33	64	94
9	21	52	81	111	141	172	202	233	4	34	65	95
10	22	53	82	112	142	173	203	234	5	35	66	96
11	23	54	83	113	143	174	204	235	6	36	67	97
12	24	55	84	114	144	175	205	236	7	37	68	98
13	25	56	85	115	145	176	206	237	8	38	69	99
14	26	57	86	116	146	177	207	238	9	39	70	100
15	27	58	87	117	147	178	208	239	10	40	71	101
16	28	59	88	118	148	179	209	240	11	41	72	102
17	29	60	89	119	149	180	210	241	12	42	73	103
18	30	61	90	120	150	181	211	242	13	43	74	104
19	31	62	91	121	151	182	212	243	14	44	75	105
20	32	63	92	122	152	183	213	244	15	45	76	106
21	33	64	93	123	153	184	214	245	16	46	77	107
22	34	65	94	124	154	185	215	246	17	47	78	108
23	35	66	95	125	155	186	216	247	18	48	79	109
24	36	67	96	126	156	187	217	248	19	49	80	110
25	37	68	97	127	157	188	218	249	20	50	81	111
26	38	69	98	128	158	189	219	250	21	51	82	112
27	39	70	99	129	159	190	220	251	22	52	83	113
28	40	71	100	130	160	191	221	252	23	53	84	114
29	41	72	101	131	161	192	222	253	24	54	85	115
30	42		102	132	162	193	223	254	25	55	86	116
31	43		103		163		224	255		56		117

1913・1965・2017年

	1月	2月	3月	4月	5月	6月	7月	8月	9月	10月	11月	12月
1	118	149	177	208	238	9	39	70	101	131	162	192
2	119	150	178	209	239	10	40	71	102	132	163	193
3	120	151	179	210	240	11	41	72	103	133	164	194
4	121	152	180	211	241	12	42	73	104	134	165	195
5	122	153	181	212	242	13	43	74	105	135	166	196
6	123	154	182	213	243	14	44	75	106	136	167	197
7	124	155	183	214	244	15	45	76	107	137	168	198
8	125	156	184	215	245	16	46	77	108	138	169	199
9	126	157	185	216	246	17	47	78	109	139	170	200
10	127	158	186	217	247	18	48	79	110	140	171	201
11	128	159	187	218	248	19	49	80	111	141	172	202
12	129	160	188	219	249	20	50	81	112	142	173	203
13	130	161	189	220	250	21	51	82	113	143	174	204
14	131	162	190	221	251	22	52	83	114	144	175	205
15	132	163	191	222	252	23	53	84	115	145	176	206
16	133	164	192	223	253	24	54	85	116	146	177	207
17	134	165	193	224	254	25	55	86	117	147	178	208
18	135	166	194	225	255	26	56	87	118	148	179	209
19	136	167	195	226	256	27	57	88	119	149	180	210
20	137	168	196	227	257	28	58	89	120	150	181	211
21	138	169	197	228	258	29	59	90	121	151	182	212
22	139	170	198	229	259	30	60	91	122	152	183	213
23	140	171	199	230	260	31	61	92	123	153	184	214
24	141	172	200	231	1	32	62	93	124	154	185	215
25	142	173	201	232	2	33	63	94	125	155	186	216
26	143	174	202	233	3	34	64	95	126	156	187	217
27	144	175	203	234	4	35	65	96	127	157	188	218
28	145	176	204	235	5	36	66	97	128	158	189	219
29	146		205	236	6	37	67	98	129	159	190	220
30	147		206	237	7	38	68	99	130	160	191	221
31	148		207		8		69	100		161		222

1914・1966・2018年

	1月	2月	3月	4月	5月	6月	7月	8月	9月	10月	11月	12月
1	223	254	22	53	83	114	144	175	206	236	7	37
2	224	255	23	54	84	115	145	176	207	237	8	38
3	225	256	24	55	85	116	146	177	208	238	9	39
4	226	257	25	56	86	117	147	178	209	239	10	40
5	227	258	26	57	87	118	148	179	210	240	11	41
6	228	259	27	58	88	119	149	180	211	241	12	42
7	229	260	28	59	89	120	150	181	212	242	13	43
8	230	1	29	60	90	121	151	182	213	243	14	44
9	231	2	30	61	91	122	152	183	214	244	15	45
10	232	3	31	62	92	123	153	184	215	245	16	46
11	233	4	32	63	93	124	154	185	216	246	17	47
12	234	5	33	64	94	125	155	186	217	247	18	48
13	235	6	34	65	95	126	156	187	218	248	19	49
14	236	7	35	66	96	127	157	188	219	249	20	50
15	237	8	36	67	97	128	158	189	220	250	21	51
16	238	9	37	68	98	129	159	190	221	251	22	52
17	239	10	38	69	99	130	160	191	222	252	23	53
18	240	11	39	70	100	131	161	192	223	253	24	54
19	241	12	40	71	101	132	162	193	224	254	25	55
20	242	13	41	72	102	133	163	194	225	255	26	56
21	243	14	42	73	103	134	164	195	226	256	27	57
22	244	15	43	74	104	135	165	196	227	257	28	58
23	245	16	44	75	105	136	166	197	228	258	29	59
24	246	17	45	76	106	137	167	198	229	259	30	60
25	247	18	46	77	107	138	168	199	230	260	31	61
26	248	19	47	78	108	139	169	200	231	1	32	62
27	249	20	48	79	109	140	170	201	232	2	33	63
28	250	21	49	80	110	141	171	202	233	3	34	64
29	251		50	81	111	142	172	203	234	4	35	65
30	252		51	82	112	143	173	204	235	5	36	66
31	253		52		113		174	205		6		67

1915・1967・2019年

	1月	2月	3月	4月	5月	6月	7月	8月	9月	10月	11月	12月
1	68	99	127	158	188	219	249	20	51	81	112	142
2	69	100	128	159	189	220	250	21	52	82	113	143
3	70	101	129	160	190	221	251	22	53	83	114	144
4	71	102	130	161	191	222	252	23	54	84	115	145
5	72	103	131	162	192	223	253	24	55	85	116	146
6	73	104	132	163	193	224	254	25	56	86	117	147
7	74	105	133	164	194	225	255	26	57	87	118	148
8	75	106	134	165	195	226	256	27	58	88	119	149
9	76	107	135	166	196	227	257	28	59	89	120	150
10	77	108	136	167	197	228	258	29	60	90	121	151
11	78	109	137	168	198	229	259	30	61	91	122	152
12	79	110	138	169	199	230	260	31	62	92	123	153
13	80	111	139	170	200	231	1	32	63	93	124	154
14	81	112	140	171	201	232	2	33	64	94	125	155
15	82	113	141	172	202	233	3	34	65	95	126	156
16	83	114	142	173	203	234	4	35	66	96	127	157
17	84	115	143	174	204	235	5	36	67	97	128	158
18	85	116	144	175	205	236	6	37	68	98	129	159
19	86	117	145	176	206	237	7	38	69	99	130	160
20	87	118	146	177	207	238	8	39	70	100	131	161
21	88	119	147	178	208	239	9	40	71	101	132	162
22	89	120	148	179	209	240	10	41	72	102	133	163
23	90	121	149	180	210	241	11	42	73	103	134	164
24	91	122	150	181	211	242	12	43	74	104	135	165
25	92	123	151	182	212	243	13	44	75	105	136	166
26	93	124	152	183	213	244	14	45	76	106	137	167
27	94	125	153	184	214	245	15	46	77	107	138	168
28	95	126	154	185	215	246	16	47	78	108	139	169
29	96		155	186	216	247	17	48	79	109	140	170
30	97		156	187	217	248	18	49	80	110	141	171
31	98		157		218		19	50		111		172

西暦とマヤ暦の対照表

1916・1968・2020年

	1月	2月	3月	4月	5月	6月	7月	8月	9月	10月	11月	12月
1	173	204	233	3	33	64	94	125	156	186	217	247
2	174	205	234	4	34	65	95	126	157	187	218	248
3	175	206	235	5	35	66	96	127	158	188	219	249
4	176	207	236	6	36	67	97	128	159	189	220	250
5	177	208	237	7	37	68	98	129	160	190	221	251
6	178	209	238	8	38	69	99	130	161	191	222	252
7	179	210	239	9	39	70	100	131	162	192	223	253
8	180	211	240	10	40	71	101	132	163	193	224	254
9	181	212	241	11	41	72	102	133	164	194	225	255
10	182	213	242	12	42	73	103	134	165	195	226	256
11	183	214	243	13	43	74	104	135	166	196	227	257
12	184	215	244	14	44	75	105	136	167	197	228	258
13	185	216	245	15	45	76	106	137	168	198	229	259
14	186	217	246	16	46	77	107	138	169	199	230	260
15	187	218	247	17	47	78	108	139	170	200	231	1
16	188	219	248	18	48	79	109	140	171	201	232	2
17	189	220	249	19	49	80	110	141	172	202	233	3
18	190	221	250	20	50	81	111	142	173	203	234	4
19	191	222	251	21	51	82	112	143	174	204	235	5
20	192	223	252	22	52	83	113	144	175	205	236	6
21	193	224	253	23	53	84	114	145	176	206	237	7
22	194	225	254	24	54	85	115	146	177	207	238	8
23	195	226	255	25	55	86	116	147	178	208	239	9
24	196	227	256	26	56	87	117	148	179	209	240	10
25	197	228	257	27	57	88	118	149	180	210	241	11
26	198	229	258	28	58	89	119	150	181	211	242	12
27	199	230	259	29	59	90	120	151	182	212	243	13
28	200	231	260	30	60	91	121	152	183	213	244	14
29	201	232	1	31	61	92	122	153	184	214	245	15
30	202		2	32	62	93	123	154	185	215	246	16
31	203		3		63		124	155		216		17

1917・1969・2021年

	1月	2月	3月	4月	5月	6月	7月	8月	9月	10月	11月	12月
1	18	49	77	108	138	169	199	230	1	31	62	92
2	19	50	78	109	139	170	200	231	2	32	63	93
3	20	51	79	110	140	171	201	232	3	33	64	94
4	21	52	80	111	141	172	202	233	4	34	65	95
5	22	53	81	112	142	173	203	234	5	35	66	96
6	23	54	82	113	143	174	204	235	6	36	67	97
7	24	55	83	114	144	175	205	236	7	37	68	98
8	25	56	84	115	145	176	206	237	8	38	69	99
9	26	57	85	116	146	177	207	238	9	39	70	100
10	27	58	86	117	147	178	208	239	10	40	71	101
11	28	59	87	118	148	179	209	240	11	41	72	102
12	29	60	88	119	149	180	210	241	12	42	73	103
13	30	61	89	120	150	181	211	242	13	43	74	104
14	31	62	90	121	151	182	212	243	14	44	75	105
15	32	63	91	122	152	183	213	244	15	45	76	106
16	33	64	92	123	153	184	214	245	16	46	77	107
17	34	65	93	124	154	185	215	246	17	47	78	108
18	35	66	94	125	155	186	216	247	18	48	79	109
19	36	67	95	126	156	187	217	248	19	49	80	110
20	37	68	96	127	157	188	218	249	20	50	81	111
21	38	69	97	128	158	189	219	250	21	51	82	112
22	39	70	98	129	159	190	220	251	22	52	83	113
23	40	71	99	130	160	191	221	252	23	53	84	114
24	41	72	100	131	161	192	222	253	24	54	85	115
25	42	73	101	132	162	193	223	254	25	55	86	116
26	43	74	102	133	163	194	224	255	26	56	87	117
27	44	75	103	134	164	195	225	256	27	57	88	118
28	45	76	104	135	165	196	226	257	28	58	89	119
29	46		105	136	166	197	227	258	29	59	90	120
30	47		106	137	167	198	228	259	30	60	91	121
31	48		107		168		229	260		61		122

1918・1970・2022年

	1月	2月	3月	4月	5月	6月	7月	8月	9月	10月	11月	12月
1	123	154	182	213	243	14	44	75	106	136	167	197
2	124	155	183	214	244	15	45	76	107	137	168	198
3	125	156	184	215	245	16	46	77	108	138	169	199
4	126	157	185	216	246	17	47	78	109	139	170	200
5	127	158	186	217	247	18	48	79	110	140	171	201
6	128	159	187	218	248	19	49	80	111	141	172	202
7	129	160	188	219	249	20	50	81	112	142	173	203
8	130	161	189	220	250	21	51	82	113	143	174	204
9	131	162	190	221	251	22	52	83	114	144	175	205
10	132	163	191	222	252	23	53	84	115	145	176	206
11	133	164	192	223	253	24	54	85	116	146	177	207
12	134	165	193	224	254	25	55	86	117	147	178	208
13	135	166	194	225	255	26	56	87	118	148	179	209
14	136	167	195	226	256	27	57	88	119	149	180	210
15	137	168	196	227	257	28	58	89	120	150	181	211
16	138	169	197	228	258	29	59	90	121	151	182	212
17	139	170	198	229	259	30	60	91	122	152	183	213
18	140	171	199	230	260	31	61	92	123	153	184	214
19	141	172	200	231	1	32	62	93	124	154	185	215
20	142	173	201	232	2	33	63	94	125	155	186	216
21	143	174	202	233	3	34	64	95	126	156	187	217
22	144	175	203	234	4	35	65	96	127	157	188	218
23	145	176	204	235	5	36	66	97	128	158	189	219
24	146	177	205	236	6	37	67	98	129	159	190	220
25	147	178	206	237	7	38	68	99	130	160	191	221
26	148	179	207	238	8	39	69	100	131	161	192	222
27	149	180	208	239	9	40	70	101	132	162	193	223
28	150	181	209	240	10	41	71	102	133	163	194	224
29	151		210	241	11	42	72	103	134	164	195	225
30	152		211	242	12	43	73	104	135	165	196	226
31	153		212		13		74	105		166		227

1919・1971・2023年

	1月	2月	3月	4月	5月	6月	7月	8月	9月	10月	11月	12月
1	228	259	27	58	88	119	149	180	211	241	12	42
2	229	260	28	59	89	120	150	181	212	242	13	43
3	230	1	29	60	90	121	151	182	213	243	14	44
4	231	2	30	61	91	122	152	183	214	244	15	45
5	232	3	31	62	92	123	153	184	215	245	16	46
6	233	4	32	63	93	124	154	185	216	246	17	47
7	234	5	33	64	94	125	155	186	217	247	18	48
8	235	6	34	65	95	126	156	187	218	248	19	49
9	236	7	35	66	96	127	157	188	219	249	20	50
10	237	8	36	67	97	128	158	189	220	250	21	51
11	238	9	37	68	98	129	159	190	221	251	22	52
12	239	10	38	69	99	130	160	191	222	252	23	53
13	240	11	39	70	100	131	161	192	223	253	24	54
14	241	12	40	71	101	132	162	193	224	254	25	55
15	242	13	41	72	102	133	163	194	225	255	26	56
16	243	14	42	73	103	134	164	195	226	256	27	57
17	244	15	43	74	104	135	165	196	227	257	28	58
18	245	16	44	75	105	136	166	197	228	258	29	59
19	246	17	45	76	106	137	167	198	229	259	30	60
20	247	18	46	77	107	138	168	199	230	260	31	61
21	248	19	47	78	108	139	169	200	231	1	32	62
22	249	20	48	79	109	140	170	201	232	2	33	63
23	250	21	49	80	110	141	171	202	233	3	34	64
24	251	22	50	81	111	142	172	203	234	4	35	65
25	252	23	51	82	112	143	173	204	235	5	36	66
26	253	24	52	83	113	144	174	205	236	6	37	67
27	254	25	53	84	114	145	175	206	237	7	38	68
28	255	26	54	85	115	146	176	207	238	8	39	69
29	256		55	86	116	147	177	208	239	9	40	70
30	257		56	87	117	148	178	209	240	10	41	71
31	258		57		118		179	210		11		72

西暦とマヤ暦の対照表

1920・1972・2024年

	1月	2月	3月	4月	5月	6月	7月	8月	9月	10月	11月	12月
1	73	104	133	163	193	224	254	25	56	86	117	147
2	74	105	134	164	194	225	255	26	57	87	118	148
3	75	106	135	165	195	226	256	27	58	88	119	149
4	76	107	136	166	196	227	257	28	59	89	120	150
5	77	108	137	167	197	228	258	29	60	90	121	151
6	78	109	138	168	198	229	259	30	61	91	122	152
7	79	110	139	169	199	230	260	31	62	92	123	153
8	80	111	140	170	200	231	1	32	63	93	124	154
9	81	112	141	171	201	232	2	33	64	94	125	155
10	82	113	142	172	202	233	3	34	65	95	126	156
11	83	114	143	173	203	234	4	35	66	96	127	157
12	84	115	144	174	204	235	5	36	67	97	128	158
13	85	116	145	175	205	236	6	37	68	98	129	159
14	86	117	146	176	206	237	7	38	69	99	130	160
15	87	118	147	177	207	238	8	39	70	100	131	161
16	88	119	148	178	208	239	9	40	71	101	132	162
17	89	120	149	179	209	240	10	41	72	102	133	163
18	90	121	150	180	210	241	11	42	73	103	134	164
19	91	122	151	181	211	242	12	43	74	104	135	165
20	92	123	152	182	212	243	13	44	75	105	136	166
21	93	124	153	183	213	244	14	45	76	106	137	167
22	94	125	154	184	214	245	15	46	77	107	138	168
23	95	126	155	185	215	246	16	47	78	108	139	169
24	96	127	156	186	216	247	17	48	79	109	140	170
25	97	128	157	187	217	248	18	49	80	110	141	171
26	98	129	158	188	218	249	19	50	81	111	142	172
27	99	130	159	189	219	250	20	51	82	112	143	173
28	100	131	160	190	220	251	21	52	83	113	144	174
29	101	132	161	191	221	252	22	53	84	114	145	175
30	102		162	192	222	253	23	54	85	115	146	176
31	103		163		223		24	55		116		177

1921・1973・2025年

	1月	2月	3月	4月	5月	6月	7月	8月	9月	10月	11月	12月
1	178	209	237	8	38	69	99	130	161	191	222	252
2	179	210	238	9	39	70	100	131	162	192	223	253
3	180	211	239	10	40	71	101	132	163	193	224	254
4	181	212	240	11	41	72	102	133	164	194	225	255
5	182	213	241	12	42	73	103	134	165	195	226	256
6	183	214	242	13	43	74	104	135	166	196	227	257
7	184	215	243	14	44	75	105	136	167	197	228	258
8	185	216	244	15	45	76	106	137	168	198	229	259
9	186	217	245	16	46	77	107	138	169	199	230	260
10	187	218	246	17	47	78	108	139	170	200	231	1
11	188	219	247	18	48	79	109	140	171	201	232	2
12	189	220	248	19	49	80	110	141	172	202	233	3
13	190	221	249	20	50	81	111	142	173	203	234	4
14	191	222	250	21	51	82	112	143	174	204	235	5
15	192	223	251	22	52	83	113	144	175	205	236	6
16	193	224	252	23	53	84	114	145	176	206	237	7
17	194	225	253	24	54	85	115	146	177	207	238	8
18	195	226	254	25	55	86	116	147	178	208	239	9
19	196	227	255	26	56	87	117	148	179	209	240	10
20	197	228	256	27	57	88	118	149	180	210	241	11
21	198	229	257	28	58	89	119	150	181	211	242	12
22	199	230	258	29	59	90	120	151	182	212	243	13
23	200	231	259	30	60	91	121	152	183	213	244	14
24	201	232	260	31	61	92	122	153	184	214	245	15
25	202	233	1	32	62	93	123	154	185	215	246	16
26	203	234	2	33	63	94	124	155	186	216	247	17
27	204	235	3	34	64	95	125	156	187	217	248	18
28	205	236	4	35	65	96	126	157	188	218	249	19
29	206		5	36	66	97	127	158	189	219	250	20
30	207		6	37	67	98	128	159	190	220	251	21
31	208		7		68		129	160		221		22

1922・1974・2026年

	1月	2月	3月	4月	5月	6月	7月	8月	9月	10月	11月	12月
1	23	54	82	113	143	174	204	235	6	36	67	97
2	24	55	83	114	144	175	205	236	7	37	68	98
3	25	56	84	115	145	176	206	237	8	38	69	99
4	26	57	85	116	146	177	207	238	9	39	70	100
5	27	58	86	117	147	178	208	239	10	40	71	101
6	28	59	87	118	148	179	209	240	11	41	72	102
7	29	60	88	119	149	180	210	241	12	42	73	103
8	30	61	89	120	150	181	211	242	13	43	74	104
9	31	62	90	121	151	182	212	243	14	44	75	105
10	32	63	91	122	152	183	213	244	15	45	76	106
11	33	64	92	123	153	184	214	245	16	46	77	107
12	34	65	93	124	154	185	215	246	17	47	78	108
13	35	66	94	125	155	186	216	247	18	48	79	109
14	36	67	95	126	156	187	217	248	19	49	80	110
15	37	68	96	127	157	188	218	249	20	50	81	111
16	38	69	97	128	158	189	219	250	21	51	82	112
17	39	70	98	129	159	190	220	251	22	52	83	113
18	40	71	99	130	160	191	221	252	23	53	84	114
19	41	72	100	131	161	192	222	253	24	54	85	115
20	42	73	101	132	162	193	223	254	25	55	86	116
21	43	74	102	133	163	194	224	255	26	56	87	117
22	44	75	103	134	164	195	225	256	27	57	88	118
23	45	76	104	135	165	196	226	257	28	58	89	119
24	46	77	105	136	166	197	227	258	29	59	90	120
25	47	78	106	137	167	198	228	259	30	60	91	121
26	48	79	107	138	168	199	229	260	31	61	92	122
27	49	80	108	139	169	200	230	1	32	62	93	123
28	50	81	109	140	170	201	231	2	33	63	94	124
29	51		110	141	171	202	232	3	34	64	95	125
30	52		111	142	172	203	233	4	35	65	96	126
31	53		112		173		234	5		66		127

1923・1975・2027年

	1月	2月	3月	4月	5月	6月	7月	8月	9月	10月	11月	12月
1	128	159	187	218	248	19	49	80	111	141	172	202
2	129	160	188	219	249	20	50	81	112	142	173	203
3	130	161	189	220	250	21	51	82	113	143	174	204
4	131	162	190	221	251	22	52	83	114	144	175	205
5	132	163	191	222	252	23	53	84	115	145	176	206
6	133	164	192	223	253	24	54	85	116	146	177	207
7	134	165	193	224	254	25	55	86	117	147	178	208
8	135	166	194	225	255	26	56	87	118	148	179	209
9	136	167	195	226	256	27	57	88	119	149	180	210
10	137	168	196	227	257	28	58	89	120	150	181	211
11	138	169	197	228	258	29	59	90	121	151	182	212
12	139	170	198	229	259	30	60	91	122	152	183	213
13	140	171	199	230	260	31	61	92	123	153	184	214
14	141	172	200	231	1	32	62	93	124	154	185	215
15	142	173	201	232	2	33	63	94	125	155	186	216
16	143	174	202	233	3	34	64	95	126	156	187	217
17	144	175	203	234	4	35	65	96	127	157	188	218
18	145	176	204	235	5	36	66	97	128	158	189	219
19	146	177	205	236	6	37	67	98	129	159	190	220
20	147	178	206	237	7	38	68	99	130	160	191	221
21	148	179	207	238	8	39	69	100	131	161	192	222
22	149	180	208	239	9	40	70	101	132	162	193	223
23	150	181	209	240	10	41	71	102	133	163	194	224
24	151	182	210	241	11	42	72	103	134	164	195	225
25	152	183	211	242	12	43	73	104	135	165	196	226
26	153	184	212	243	13	44	74	105	136	166	197	227
27	154	185	213	244	14	45	75	106	137	167	198	228
28	155	186	214	245	15	46	76	107	138	168	199	229
29	156		215	246	16	47	77	108	139	169	200	230
30	157		216	247	17	48	78	109	140	170	201	231
31	158		217		18		79	110		171		232

西暦とマヤ暦の対照表

1924・1976・2028年

	1月	2月	3月	4月	5月	6月	7月	8月	9月	10月	11月	12月
1	233	4	33	63	93	124	154	185	216	246	17	47
2	234	5	34	64	94	125	155	186	217	247	18	48
3	235	6	35	65	95	126	156	187	218	248	19	49
4	236	7	36	66	96	127	157	188	219	249	20	50
5	237	8	37	67	97	128	158	189	220	250	21	51
6	238	9	38	68	98	129	159	190	221	251	22	52
7	239	10	39	69	99	130	160	191	222	252	23	53
8	240	11	40	70	100	131	161	192	223	253	24	54
9	241	12	41	71	101	132	162	193	224	254	25	55
10	242	13	42	72	102	133	163	194	225	255	26	56
11	243	14	43	73	103	134	164	195	226	256	27	57
12	244	15	44	74	104	135	165	196	227	257	28	58
13	245	16	45	75	105	136	166	197	228	258	29	59
14	246	17	46	76	106	137	167	198	229	259	30	60
15	247	18	47	77	107	138	168	199	230	260	31	61
16	248	19	48	78	108	139	169	200	231	1	32	62
17	249	20	49	79	109	140	170	201	232	2	33	63
18	250	21	50	80	110	141	171	202	233	3	34	64
19	251	22	51	81	111	142	172	203	234	4	35	65
20	252	23	52	82	112	143	173	204	235	5	36	66
21	253	24	53	83	113	144	174	205	236	6	37	67
22	254	25	54	84	114	145	175	206	237	7	38	68
23	255	26	55	85	115	146	176	207	238	8	39	69
24	256	27	56	86	116	147	177	208	239	9	40	70
25	257	28	57	87	117	148	178	209	240	10	41	71
26	258	29	58	88	118	149	179	210	241	11	42	72
27	259	30	59	89	119	150	180	211	242	12	43	73
28	260	31	60	90	120	151	181	212	243	13	44	74
29	1	32	61	91	121	152	182	213	244	14	45	75
30	2		62	92	122	153	183	214	245	15	46	76
31	3		63		123		184	215		16		77

1925・1977・2029年

	1月	2月	3月	4月	5月	6月	7月	8月	9月	10月	11月	12月
1	78	109	137	168	198	229	259	30	61	91	122	152
2	79	110	138	169	199	230	260	31	62	92	123	153
3	80	111	139	170	200	231	1	32	63	93	124	154
4	81	112	140	171	201	232	2	33	64	94	125	155
5	82	113	141	172	202	233	3	34	65	95	126	156
6	83	114	142	173	203	234	4	35	66	96	127	157
7	84	115	143	174	204	235	5	36	67	97	128	158
8	85	116	144	175	205	236	6	37	68	98	129	159
9	86	117	145	176	206	237	7	38	69	99	130	160
10	87	118	146	177	207	238	8	39	70	100	131	161
11	88	119	147	178	208	239	9	40	71	101	132	162
12	89	120	148	179	209	240	10	41	72	102	133	163
13	90	121	149	180	210	241	11	42	73	103	134	164
14	91	122	150	181	211	242	12	43	74	104	135	165
15	92	123	151	182	212	243	13	44	75	105	136	166
16	93	124	152	183	213	244	14	45	76	106	137	167
17	94	125	153	184	214	245	15	46	77	107	138	168
18	95	126	154	185	215	246	16	47	78	108	139	169
19	96	127	155	186	216	247	17	48	79	109	140	170
20	97	128	156	187	217	248	18	49	80	110	141	171
21	98	129	157	188	218	249	19	50	81	111	142	172
22	99	130	158	189	219	250	20	51	82	112	143	173
23	100	131	159	190	220	251	21	52	83	113	144	174
24	101	132	160	191	221	252	22	53	84	114	145	175
25	102	133	161	192	222	253	23	54	85	115	146	176
26	103	134	162	193	223	254	24	55	86	116	147	177
27	104	135	163	194	224	255	25	56	87	117	148	178
28	105	136	164	195	225	256	26	57	88	118	149	179
29	106		165	196	226	257	27	58	89	119	150	180
30	107		166	197	227	258	28	59	90	120	151	181
31	108		167		228		29	60		121		182

1926・1978・2030年

	1月	2月	3月	4月	5月	6月	7月	8月	9月	10月	11月	12月
1	183	214	242	13	43	74	104	135	166	196	227	257
2	184	215	243	14	44	75	105	136	167	197	228	258
3	185	216	244	15	45	76	106	137	168	198	229	259
4	186	217	245	16	46	77	107	138	169	199	230	260
5	187	218	246	17	47	78	108	139	170	200	231	1
6	188	219	247	18	48	79	109	140	171	201	232	2
7	189	220	248	19	49	80	110	141	172	202	233	3
8	190	221	249	20	50	81	111	142	173	203	234	4
9	191	222	250	21	51	82	112	143	174	204	235	5
10	192	223	251	22	52	83	113	144	175	205	236	6
11	193	224	252	23	53	84	114	145	176	206	237	7
12	194	225	253	24	54	85	115	146	177	207	238	8
13	195	226	254	25	55	86	116	147	178	208	239	9
14	196	227	255	26	56	87	117	148	179	209	240	10
15	197	228	256	27	57	88	118	149	180	210	241	11
16	198	229	257	28	58	89	119	150	181	211	242	12
17	199	230	258	29	59	90	120	151	182	212	243	13
18	200	231	259	30	60	91	121	152	183	213	244	14
19	201	232	260	31	61	92	122	153	184	214	245	15
20	202	233	1	32	62	93	123	154	185	215	246	16
21	203	234	2	33	63	94	124	155	186	216	247	17
22	204	235	3	34	64	95	125	156	187	217	248	18
23	205	236	4	35	65	96	126	157	188	218	249	19
24	206	237	5	36	66	97	127	158	189	219	250	20
25	207	238	6	37	67	98	128	159	190	220	251	21
26	208	239	7	38	68	99	129	160	191	221	252	22
27	209	240	8	39	69	100	130	161	192	222	253	23
28	210	241	9	40	70	101	131	162	193	223	254	24
29	211		10	41	71	102	132	163	194	224	255	25
30	212		11	42	72	103	133	164	195	225	256	26
31	213		12		73		134	165		226		27

1927・1979・2031年

	1月	2月	3月	4月	5月	6月	7月	8月	9月	10月	11月	12月
1	28	59	87	118	148	179	209	240	11	41	72	102
2	29	60	88	119	149	180	210	241	12	42	73	103
3	30	61	89	120	150	181	211	242	13	43	74	104
4	31	62	90	121	151	182	212	243	14	44	75	105
5	32	63	91	122	152	183	213	244	15	45	76	106
6	33	64	92	123	153	184	214	245	16	46	77	107
7	34	65	93	124	154	185	215	246	17	47	78	108
8	35	66	94	125	155	186	216	247	18	48	79	109
9	36	67	95	126	156	187	217	248	19	49	80	110
10	37	68	96	127	157	188	218	249	20	50	81	111
11	38	69	97	128	158	189	219	250	21	51	82	112
12	39	70	98	129	159	190	220	251	22	52	83	113
13	40	71	99	130	160	191	221	252	23	53	84	114
14	41	72	100	131	161	192	222	253	24	54	85	115
15	42	73	101	132	162	193	223	254	25	55	86	116
16	43	74	102	133	163	194	224	255	26	56	87	117
17	44	75	103	134	164	195	225	256	27	57	88	118
18	45	76	104	135	165	196	226	257	28	58	89	119
19	46	77	105	136	166	197	227	258	29	59	90	120
20	47	78	106	137	167	198	228	259	30	60	91	121
21	48	79	107	138	168	199	229	260	31	61	92	122
22	49	80	108	139	169	200	230	1	32	62	93	123
23	50	81	109	140	170	201	231	2	33	63	94	124
24	51	82	110	141	171	202	232	3	34	64	95	125
25	52	83	111	142	172	203	233	4	35	65	96	126
26	53	84	112	143	173	204	234	5	36	66	97	127
27	54	85	113	144	174	205	235	6	37	67	98	128
28	55	86	114	145	175	206	236	7	38	68	99	129
29	56		115	146	176	207	237	8	39	69	100	130
30	57		116	147	177	208	238	9	40	70	101	131
31	58		117		178		239	10		71		132

西暦とマヤ暦の対照表

1928・1980・2032年

	1月	2月	3月	4月	5月	6月	7月	8月	9月	10月	11月	12月
1	133	164	193	223	253	24	54	85	116	146	177	207
2	134	165	194	224	254	25	55	86	117	147	178	208
3	135	166	195	225	255	26	56	87	118	148	179	209
4	136	167	196	226	256	27	57	88	119	149	180	210
5	137	168	197	227	257	28	58	89	120	150	181	211
6	138	169	198	228	258	29	59	90	121	151	182	212
7	139	170	199	229	259	30	60	91	122	152	183	213
8	140	171	200	230	260	31	61	92	123	153	184	214
9	141	172	201	231	1	32	62	93	124	154	185	215
10	142	173	202	232	2	33	63	94	125	155	186	216
11	143	174	203	233	3	34	64	95	126	156	187	217
12	144	175	204	234	4	35	65	96	127	157	188	218
13	145	176	205	235	5	36	66	97	128	158	189	219
14	146	177	206	236	6	37	67	98	129	159	190	220
15	147	178	207	237	7	38	68	99	130	160	191	221
16	148	179	208	238	8	39	69	100	131	161	192	222
17	149	180	209	239	9	40	70	101	132	162	193	223
18	150	181	210	240	10	41	71	102	133	163	194	224
19	151	182	211	241	11	42	72	103	134	164	195	225
20	152	183	212	242	12	43	73	104	135	165	196	226
21	153	184	213	243	13	44	74	105	136	166	197	227
22	154	185	214	244	14	45	75	106	137	167	198	228
23	155	186	215	245	15	46	76	107	138	168	199	229
24	156	187	216	246	16	47	77	108	139	169	200	230
25	157	188	217	247	17	48	78	109	140	170	201	231
26	158	189	218	248	18	49	79	110	141	171	202	232
27	159	190	219	249	19	50	80	111	142	172	203	233
28	160	191	220	250	20	51	81	112	143	173	204	234
29	161	192	221	251	21	52	82	113	144	174	205	235
30	162		222	252	22	53	83	114	145	175	206	236
31	163		223		23		84	115		176		237

1929・1981・2033年

	1月	2月	3月	4月	5月	6月	7月	8月	9月	10月	11月	12月
1	238	9	37	68	98	129	159	190	221	251	22	52
2	239	10	38	69	99	130	160	191	222	252	23	53
3	240	11	39	70	100	131	161	192	223	253	24	54
4	241	12	40	71	101	132	162	193	224	254	25	55
5	242	13	41	72	102	133	163	194	225	255	26	56
6	243	14	42	73	103	134	164	195	226	256	27	57
7	244	15	43	74	104	135	165	196	227	257	28	58
8	245	16	44	75	105	136	166	197	228	258	29	59
9	246	17	45	76	106	137	167	198	229	259	30	60
10	247	18	46	77	107	138	168	199	230	260	31	61
11	248	19	47	78	108	139	169	200	231	1	32	62
12	249	20	48	79	109	140	170	201	232	2	33	63
13	250	21	49	80	110	141	171	202	233	3	34	64
14	251	22	50	81	111	142	172	203	234	4	35	65
15	252	23	51	82	112	143	173	204	235	5	36	66
16	253	24	52	83	113	144	174	205	236	6	37	67
17	254	25	53	84	114	145	175	206	237	7	38	68
18	255	26	54	85	115	146	176	207	238	8	39	69
19	256	27	55	86	116	147	177	208	239	9	40	70
20	257	28	56	87	117	148	178	209	240	10	41	71
21	258	29	57	88	118	149	179	210	241	11	42	72
22	259	30	58	89	119	150	180	211	242	12	43	73
23	260	31	59	90	120	151	181	212	243	13	44	74
24	1	32	60	91	121	152	182	213	244	14	45	75
25	2	33	61	92	122	153	183	214	245	15	46	76
26	3	34	62	93	123	154	184	215	246	16	47	77
27	4	35	63	94	124	155	185	216	247	17	48	78
28	5	36	64	95	125	156	186	217	248	18	49	79
29	6		65	96	126	157	187	218	249	19	50	80
30	7		66	97	127	158	188	219	250	20	51	81
31	8		67		128		189	220		21		82

1930・1982・2034年

	1月	2月	3月	4月	5月	6月	7月	8月	9月	10月	11月	12月
1	83	114	142	173	203	234	4	35	66	96	127	157
2	84	115	143	174	204	235	5	36	67	97	128	158
3	85	116	144	175	205	236	6	37	68	98	129	159
4	86	117	145	176	206	237	7	38	69	99	130	160
5	87	118	146	177	207	238	8	39	70	100	131	161
6	88	119	147	178	208	239	9	40	71	101	132	162
7	89	120	148	179	209	240	10	41	72	102	133	163
8	90	121	149	180	210	241	11	42	73	103	134	164
9	91	122	150	181	211	242	12	43	74	104	135	165
10	92	123	151	182	212	243	13	44	75	105	136	166
11	93	124	152	183	213	244	14	45	76	106	137	167
12	94	125	153	184	214	245	15	46	77	107	138	168
13	95	126	154	185	215	246	16	47	78	108	139	169
14	96	127	155	186	216	247	17	48	79	109	140	170
15	97	128	156	187	217	248	18	49	80	110	141	171
16	98	129	157	188	218	249	19	50	81	111	142	172
17	99	130	158	189	219	250	20	51	82	112	143	173
18	100	131	159	190	220	251	21	52	83	113	144	174
19	101	132	160	191	221	252	22	53	84	114	145	175
20	102	133	161	192	222	253	23	54	85	115	146	176
21	103	134	162	193	223	254	24	55	86	116	147	177
22	104	135	163	194	224	255	25	56	87	117	148	178
23	105	136	164	195	225	256	26	57	88	118	149	179
24	106	137	165	196	226	257	27	58	89	119	150	180
25	107	138	166	197	227	258	28	59	90	120	151	181
26	108	139	167	198	228	259	29	60	91	121	152	182
27	109	140	168	199	229	260	30	61	92	122	153	183
28	110	141	169	200	230	1	31	62	93	123	154	184
29	111		170	201	231	2	32	63	94	124	155	185
30	112		171	202	232	3	33	64	95	125	156	186
31	113		172		233		34	65		126		187

1931・1983・2035年

	1月	2月	3月	4月	5月	6月	7月	8月	9月	10月	11月	12月
1	188	219	247	18	48	79	109	140	171	201	232	2
2	189	220	248	19	49	80	110	141	172	202	233	3
3	190	221	249	20	50	81	111	142	173	203	234	4
4	191	222	250	21	51	82	112	143	174	204	235	5
5	192	223	251	22	52	83	113	144	175	205	236	6
6	193	224	252	23	53	84	114	145	176	206	237	7
7	194	225	253	24	54	85	115	146	177	207	238	8
8	195	226	254	25	55	86	116	147	178	208	239	9
9	196	227	255	26	56	87	117	148	179	209	240	10
10	197	228	256	27	57	88	118	149	180	210	241	11
11	198	229	257	28	58	89	119	150	181	211	242	12
12	199	230	258	29	59	90	120	151	182	212	243	13
13	200	231	259	30	60	91	121	152	183	213	244	14
14	201	232	260	31	61	92	122	153	184	214	245	15
15	202	233	1	32	62	93	123	154	185	215	246	16
16	203	234	2	33	63	94	124	155	186	216	247	17
17	204	235	3	34	64	95	125	156	187	217	248	18
18	205	236	4	35	65	96	126	157	188	218	249	19
19	206	237	5	36	66	97	127	158	189	219	250	20
20	207	238	6	37	67	98	128	159	190	220	251	21
21	208	239	7	38	68	99	129	160	191	221	252	22
22	209	240	8	39	69	100	130	161	192	222	253	23
23	210	241	9	40	70	101	131	162	193	223	254	24
24	211	242	10	41	71	102	132	163	194	224	255	25
25	212	243	11	42	72	103	133	164	195	225	256	26
26	213	244	12	43	73	104	134	165	196	226	257	27
27	214	245	13	44	74	105	135	166	197	227	258	28
28	215	246	14	45	75	106	136	167	198	228	259	29
29	216		15	46	76	107	137	168	199	229	260	30
30	217		16	47	77	108	138	169	200	230	1	31
31	218		17		78		139	170		231		32

西暦とマヤ暦の対照表

1932・1984・2036年

	1月	2月	3月	4月	5月	6月	7月	8月	9月	10月	11月	12月
1	33	64	93	123	153	184	214	245	16	46	77	107
2	34	65	94	124	154	185	215	246	17	47	78	108
3	35	66	95	125	155	186	216	247	18	48	79	109
4	36	67	96	126	156	187	217	248	19	49	80	110
5	37	68	97	127	157	188	218	249	20	50	81	111
6	38	69	98	128	158	189	219	250	21	51	82	112
7	39	70	99	129	159	190	220	251	22	52	83	113
8	40	71	100	130	160	191	221	252	23	53	84	114
9	41	72	101	131	161	192	222	253	24	54	85	115
10	42	73	102	132	162	193	223	254	25	55	86	116
11	43	74	103	133	163	194	224	255	26	56	87	117
12	44	75	104	134	164	195	225	256	27	57	88	118
13	45	76	105	135	165	196	226	257	28	58	89	119
14	46	77	106	136	166	197	227	258	29	59	90	120
15	47	78	107	137	167	198	228	259	30	60	91	121
16	48	79	108	138	168	199	229	260	31	61	92	122
17	49	80	109	139	169	200	230	1	32	62	93	123
18	50	81	110	140	170	201	231	2	33	63	94	124
19	51	82	111	141	171	202	232	3	34	64	95	125
20	52	83	112	142	172	203	233	4	35	65	96	126
21	53	84	113	143	173	204	234	5	36	66	97	127
22	54	85	114	144	174	205	235	6	37	67	98	128
23	55	86	115	145	175	206	236	7	38	68	99	129
24	56	87	116	146	176	207	237	8	39	69	100	130
25	57	88	117	147	177	208	238	9	40	70	101	131
26	58	89	118	148	178	209	239	10	41	71	102	132
27	59	90	119	149	179	210	240	11	42	72	103	133
28	60	91	120	150	180	211	241	12	43	73	104	134
29	61	92	121	151	181	212	242	13	44	74	105	135
30	62		122	152	182	213	243	14	45	75	106	136
31	63		123		183		244	15		76		137

1933・1985・2037年

	1月	2月	3月	4月	5月	6月	7月	8月	9月	10月	11月	12月
1	138	169	197	228	258	29	59	90	121	151	182	212
2	139	170	198	229	259	30	60	91	122	152	183	213
3	140	171	199	230	260	31	61	92	123	153	184	214
4	141	172	200	231	1	32	62	93	124	154	185	215
5	142	173	201	232	2	33	63	94	125	155	186	216
6	143	174	202	233	3	34	64	95	126	156	187	217
7	144	175	203	234	4	35	65	96	127	157	188	218
8	145	176	204	235	5	36	66	97	128	158	189	219
9	146	177	205	236	6	37	67	98	129	159	190	220
10	147	178	206	237	7	38	68	99	130	160	191	221
11	148	179	207	238	8	39	69	100	131	161	192	222
12	149	180	208	239	9	40	70	101	132	162	193	223
13	150	181	209	240	10	41	71	102	133	163	194	224
14	151	182	210	241	11	42	72	103	134	164	195	225
15	152	183	211	242	12	43	73	104	135	165	196	226
16	153	184	212	243	13	44	74	105	136	166	197	227
17	154	185	213	244	14	45	75	106	137	167	198	228
18	155	186	214	245	15	46	76	107	138	168	199	229
19	156	187	215	246	16	47	77	108	139	169	200	230
20	157	188	216	247	17	48	78	109	140	170	201	231
21	158	189	217	248	18	49	79	110	141	171	202	232
22	159	190	218	249	19	50	80	111	142	172	203	233
23	160	191	219	250	20	51	81	112	143	173	204	234
24	161	192	220	251	21	52	82	113	144	174	205	235
25	162	193	221	252	22	53	83	114	145	175	206	236
26	163	194	222	253	23	54	84	115	146	176	207	237
27	164	195	223	254	24	55	85	116	147	177	208	238
28	165	196	224	255	25	56	86	117	148	178	209	239
29	166		225	256	26	57	87	118	149	179	210	240
30	167		226	257	27	58	88	119	150	180	211	241
31	168		227		28		89	120		181		242

1934・1986・2038年

	1月	2月	3月	4月	5月	6月	7月	8月	9月	10月	11月	12月
1	243	14	42	73	103	134	164	195	226	256	27	57
2	244	15	43	74	104	135	165	196	227	257	28	58
3	245	16	44	75	105	136	166	197	228	258	29	59
4	246	17	45	76	106	137	167	198	229	259	30	60
5	247	18	46	77	107	138	168	199	230	260	31	61
6	248	19	47	78	108	139	169	200	231	1	32	62
7	249	20	48	79	109	140	170	201	232	2	33	63
8	250	21	49	80	110	141	171	202	233	3	34	64
9	251	22	50	81	111	142	172	203	234	4	35	65
10	252	23	51	82	112	143	173	204	235	5	36	66
11	253	24	52	83	113	144	174	205	236	6	37	67
12	254	25	53	84	114	145	175	206	237	7	38	68
13	255	26	54	85	115	146	176	207	238	8	39	69
14	256	27	55	86	116	147	177	208	239	9	40	70
15	257	28	56	87	117	148	178	209	240	10	41	71
16	258	29	57	88	118	149	179	210	241	11	42	72
17	259	30	58	89	119	150	180	211	242	12	43	73
18	260	31	59	90	120	151	181	212	243	13	44	74
19	1	32	60	91	121	152	182	213	244	14	45	75
20	2	33	61	92	122	153	183	214	245	15	46	76
21	3	34	62	93	123	154	184	215	246	16	47	77
22	4	35	63	94	124	155	185	216	247	17	48	78
23	5	36	64	95	125	156	186	217	248	18	49	79
24	6	37	65	96	126	157	187	218	249	19	50	80
25	7	38	66	97	127	158	188	219	250	20	51	81
26	8	39	67	98	128	159	189	220	251	21	52	82
27	9	40	68	99	129	160	190	221	252	22	53	83
28	10	41	69	100	130	161	191	222	253	23	54	84
29	11		70	101	131	162	192	223	254	24	55	85
30	12		71	102	132	163	193	224	255	25	56	86
31	13		72		133		194	225		26		87

1935・1987・2039年

	1月	2月	3月	4月	5月	6月	7月	8月	9月	10月	11月	12月
1	88	119	147	178	208	239	9	40	71	101	132	162
2	89	120	148	179	209	240	10	41	72	102	133	163
3	90	121	149	180	210	241	11	42	73	103	134	164
4	91	122	150	181	211	242	12	43	74	104	135	165
5	92	123	151	182	212	243	13	44	75	105	136	166
6	93	124	152	183	213	244	14	45	76	106	137	167
7	94	125	153	184	214	245	15	46	77	107	138	168
8	95	126	154	185	215	246	16	47	78	108	139	169
9	96	127	155	186	216	247	17	48	79	109	140	170
10	97	128	156	187	217	248	18	49	80	110	141	171
11	98	129	157	188	218	249	19	50	81	111	142	172
12	99	130	158	189	219	250	20	51	82	112	143	173
13	100	131	159	190	220	251	21	52	83	113	144	174
14	101	132	160	191	221	252	22	53	84	114	145	175
15	102	133	161	192	222	253	23	54	85	115	146	176
16	103	134	162	193	223	254	24	55	86	116	147	177
17	104	135	163	194	224	255	25	56	87	117	148	178
18	105	136	164	195	225	256	26	57	88	118	149	179
19	106	137	165	196	226	257	27	58	89	119	150	180
20	107	138	166	197	227	258	28	59	90	120	151	181
21	108	139	167	198	228	259	29	60	91	121	152	182
22	109	140	168	199	229	260	30	61	92	122	153	183
23	110	141	169	200	230	1	31	62	93	123	154	184
24	111	142	170	201	231	2	32	63	94	124	155	185
25	112	143	171	202	232	3	33	64	95	125	156	186
26	113	144	172	203	233	4	34	65	96	126	157	187
27	114	145	173	204	234	5	35	66	97	127	158	188
28	115	146	174	205	235	6	36	67	98	128	159	189
29	116		175	206	236	7	37	68	99	129	160	190
30	117		176	207	237	8	38	69	100	130	161	191
31	118		177		238		39	70		131		192

西暦とマヤ暦の対照表

1936・1988・2040年

	1月	2月	3月	4月	5月	6月	7月	8月	9月	10月	11月	12月
1	193	224	253	23	53	84	114	145	176	206	237	7
2	194	225	254	24	54	85	115	146	177	207	238	8
3	195	226	255	25	55	86	116	147	178	208	239	9
4	196	227	256	26	56	87	117	148	179	209	240	10
5	197	228	257	27	57	88	118	149	180	210	241	11
6	198	229	258	28	58	89	119	150	181	211	242	12
7	199	230	259	29	59	90	120	151	182	212	243	13
8	200	231	260	30	60	91	121	152	183	213	244	14
9	201	232	1	31	61	92	122	153	184	214	245	15
10	202	233	2	32	62	93	123	154	185	215	246	16
11	203	234	3	33	63	94	124	155	186	216	247	17
12	204	235	4	34	64	95	125	156	187	217	248	18
13	205	236	5	35	65	96	126	157	188	218	249	19
14	206	237	6	36	66	97	127	158	189	219	250	20
15	207	238	7	37	67	98	128	159	190	220	251	21
16	208	239	8	38	68	99	129	160	191	221	252	22
17	209	240	9	39	69	100	130	161	192	222	253	23
18	210	241	10	40	70	101	131	162	193	223	254	24
19	211	242	11	41	71	102	132	163	194	224	255	25
20	212	243	12	42	72	103	133	164	195	225	256	26
21	213	244	13	43	73	104	134	165	196	226	257	27
22	214	245	14	44	74	105	135	166	197	227	258	28
23	215	246	15	45	75	106	136	167	198	228	259	29
24	216	247	16	46	76	107	137	168	199	229	260	30
25	217	248	17	47	77	108	138	169	200	230	1	31
26	218	249	18	48	78	109	139	170	201	231	2	32
27	219	250	19	49	79	110	140	171	202	232	3	33
28	220	251	20	50	80	111	141	172	203	233	4	34
29	221	252	21	51	81	112	142	173	204	234	5	35
30	222		22	52	82	113	143	174	205	235	6	36
31	223		23		83		144	175		236		37

1937・1989・2041年

	1月	2月	3月	4月	5月	6月	7月	8月	9月	10月	11月	12月
1	38	69	97	128	158	189	219	250	21	51	82	112
2	39	70	98	129	159	190	220	251	22	52	83	113
3	40	71	99	130	160	191	221	252	23	53	84	114
4	41	72	100	131	161	192	222	253	24	54	85	115
5	42	73	101	132	162	193	223	254	25	55	86	116
6	43	74	102	133	163	194	224	255	26	56	87	117
7	44	75	103	134	164	195	225	256	27	57	88	118
8	45	76	104	135	165	196	226	257	28	58	89	119
9	46	77	105	136	166	197	227	258	29	59	90	120
10	47	78	106	137	167	198	228	259	30	60	91	121
11	48	79	107	138	168	199	229	260	31	61	92	122
12	49	80	108	139	169	200	230	1	32	62	93	123
13	50	81	109	140	170	201	231	2	33	63	94	124
14	51	82	110	141	171	202	232	3	34	64	95	125
15	52	83	111	142	172	203	233	4	35	65	96	126
16	53	84	112	143	173	204	234	5	36	66	97	127
17	54	85	113	144	174	205	235	6	37	67	98	128
18	55	86	114	145	175	206	236	7	38	68	99	129
19	56	87	115	146	176	207	237	8	39	69	100	130
20	57	88	116	147	177	208	238	9	40	70	101	131
21	58	89	117	148	178	209	239	10	41	71	102	132
22	59	90	118	149	179	210	240	11	42	72	103	133
23	60	91	119	150	180	211	241	12	43	73	104	134
24	61	92	120	151	181	212	242	13	44	74	105	135
25	62	93	121	152	182	213	243	14	45	75	106	136
26	63	94	122	153	183	214	244	15	46	76	107	137
27	64	95	123	154	184	215	245	16	47	77	108	138
28	65	96	124	155	185	216	246	17	48	78	109	139
29	66		125	156	186	217	247	18	49	79	110	140
30	67		126	157	187	218	248	19	50	80	111	141
31	68		127		188		249	20		81		142

1938・1990・2042年

	1月	2月	3月	4月	5月	6月	7月	8月	9月	10月	11月	12月
1	143	174	202	233	3	34	64	95	126	156	187	217
2	144	175	203	234	4	35	65	96	127	157	188	218
3	145	176	204	235	5	36	66	97	128	158	189	219
4	146	177	205	236	6	37	67	98	129	159	190	220
5	147	178	206	237	7	38	68	99	130	160	191	221
6	148	179	207	238	8	39	69	100	131	161	192	222
7	149	180	208	239	9	40	70	101	132	162	193	223
8	150	181	209	240	10	41	71	102	133	163	194	224
9	151	182	210	241	11	42	72	103	134	164	195	225
10	152	183	211	242	12	43	73	104	135	165	196	226
11	153	184	212	243	13	44	74	105	136	166	197	227
12	154	185	213	244	14	45	75	106	137	167	198	228
13	155	186	214	245	15	46	76	107	138	168	199	229
14	156	187	215	246	16	47	77	108	139	169	200	230
15	157	188	216	247	17	48	78	109	140	170	201	231
16	158	189	217	248	18	49	79	110	141	171	202	232
17	159	190	218	249	19	50	80	111	142	172	203	233
18	160	191	219	250	20	51	81	112	143	173	204	234
19	161	192	220	251	21	52	82	113	144	174	205	235
20	162	193	221	252	22	53	83	114	145	175	206	236
21	163	194	222	253	23	54	84	115	146	176	207	237
22	164	195	223	254	24	55	85	116	147	177	208	238
23	165	196	224	255	25	56	86	117	148	178	209	239
24	166	197	225	256	26	57	87	118	149	179	210	240
25	167	198	226	257	27	58	88	119	150	180	211	241
26	168	199	227	258	28	59	89	120	151	181	212	242
27	169	200	228	259	29	60	90	121	152	182	213	243
28	170	201	229	260	30	61	91	122	153	183	214	244
29	171		230	1	31	62	92	123	154	184	215	245
30	172		231	2	32	63	93	124	155	185	216	246
31	173		232		33		94	125		186		247

1939・1991・2043年

	1月	2月	3月	4月	5月	6月	7月	8月	9月	10月	11月	12月
1	248	19	47	78	108	139	169	200	231	1	32	62
2	249	20	48	79	109	140	170	201	232	2	33	63
3	250	21	49	80	110	141	171	202	233	3	34	64
4	251	22	50	81	111	142	172	203	234	4	35	65
5	252	23	51	82	112	143	173	204	235	5	36	66
6	253	24	52	83	113	144	174	205	236	6	37	67
7	254	25	53	84	114	145	175	206	237	7	38	68
8	255	26	54	85	115	146	176	207	238	8	39	69
9	256	27	55	86	116	147	177	208	239	9	40	70
10	257	28	56	87	117	148	178	209	240	10	41	71
11	258	29	57	88	118	149	179	210	241	11	42	72
12	259	30	58	89	119	150	180	211	242	12	43	73
13	260	31	59	90	120	151	181	212	243	13	44	74
14	1	32	60	91	121	152	182	213	244	14	45	75
15	2	33	61	92	122	153	183	214	245	15	46	76
16	3	34	62	93	123	154	184	215	246	16	47	77
17	4	35	63	94	124	155	185	216	247	17	48	78
18	5	36	64	95	125	156	186	217	248	18	49	79
19	6	37	65	96	126	157	187	218	249	19	50	80
20	7	38	66	97	127	158	188	219	250	20	51	81
21	8	39	67	98	128	159	189	220	251	21	52	82
22	9	40	68	99	129	160	190	221	252	22	53	83
23	10	41	69	100	130	161	191	222	253	23	54	84
24	11	42	70	101	131	162	192	223	254	24	55	85
25	12	43	71	102	132	163	193	224	255	25	56	86
26	13	44	72	103	133	164	194	225	256	26	57	87
27	14	45	73	104	134	165	195	226	257	27	58	88
28	15	46	74	105	135	166	196	227	258	28	59	89
29	16		75	106	136	167	197	228	259	29	60	90
30	17		76	107	137	168	198	229	260	30	61	91
31	18		77		138		199	230		31		92

西暦とマヤ暦の対照表

1940・1992・2044年

	1月	2月	3月	4月	5月	6月	7月	8月	9月	10月	11月	12月
1	93	124	153	183	213	244	14	45	76	106	137	167
2	94	125	154	184	214	245	15	46	77	107	138	168
3	95	126	155	185	215	246	16	47	78	108	139	169
4	96	127	156	186	216	247	17	48	79	109	140	170
5	97	128	157	187	217	248	18	49	80	110	141	171
6	98	129	158	188	218	249	19	50	81	111	142	172
7	99	130	159	189	219	250	20	51	82	112	143	173
8	100	131	160	190	220	251	21	52	83	113	144	174
9	101	132	161	191	221	252	22	53	84	114	145	175
10	102	133	162	192	222	253	23	54	85	115	146	176
11	103	134	163	193	223	254	24	55	86	116	147	177
12	104	135	164	194	224	255	25	56	87	117	148	178
13	105	136	165	195	225	256	26	57	88	118	149	179
14	106	137	166	196	226	257	27	58	89	119	150	180
15	107	138	167	197	227	258	28	59	90	120	151	181
16	108	139	168	198	228	259	29	60	91	121	152	182
17	109	140	169	199	229	260	30	61	92	122	153	183
18	110	141	170	200	230	1	31	62	93	123	154	184
19	111	142	171	201	231	2	32	63	94	124	155	185
20	112	143	172	202	232	3	33	64	95	125	156	186
21	113	144	173	203	233	4	34	65	96	126	157	187
22	114	145	174	204	234	5	35	66	97	127	158	188
23	115	146	175	205	235	6	36	67	98	128	159	189
24	116	147	176	206	236	7	37	68	99	129	160	190
25	117	148	177	207	237	8	38	69	100	130	161	191
26	118	149	178	208	238	9	39	70	101	131	162	192
27	119	150	179	209	239	10	40	71	102	132	163	193
28	120	151	180	210	240	11	41	72	103	133	164	194
29	121	152	181	211	241	12	42	73	104	134	165	195
30	122		182	212	242	13	43	74	105	135	166	196
31	123		183		243		44	75		136		197

1941・1993・2045年

	1月	2月	3月	4月	5月	6月	7月	8月	9月	10月	11月	12月
1	198	229	257	28	58	89	119	150	181	211	242	12
2	199	230	258	29	59	90	120	151	182	212	243	13
3	200	231	259	30	60	91	121	152	183	213	244	14
4	201	232	260	31	61	92	122	153	184	214	245	15
5	202	233	1	32	62	93	123	154	185	215	246	16
6	203	234	2	33	63	94	124	155	186	216	247	17
7	204	235	3	34	64	95	125	156	187	217	248	18
8	205	236	4	35	65	96	126	157	188	218	249	19
9	206	237	5	36	66	97	127	158	189	219	250	20
10	207	238	6	37	67	98	128	159	190	220	251	21
11	208	239	7	38	68	99	129	160	191	221	252	22
12	209	240	8	39	69	100	130	161	192	222	253	23
13	210	241	9	40	70	101	131	162	193	223	254	24
14	211	242	10	41	71	102	132	163	194	224	255	25
15	212	243	11	42	72	103	133	164	195	225	256	26
16	213	244	12	43	73	104	134	165	196	226	257	27
17	214	245	13	44	74	105	135	166	197	227	258	28
18	215	246	14	45	75	106	136	167	198	228	259	29
19	216	247	15	46	76	107	137	168	199	229	260	30
20	217	248	16	47	77	108	138	169	200	230	1	31
21	218	249	17	48	78	109	139	170	201	231	2	32
22	219	250	18	49	79	110	140	171	202	232	3	33
23	220	251	19	50	80	111	141	172	203	233	4	34
24	221	252	20	51	81	112	142	173	204	234	5	35
25	222	253	21	52	82	113	143	174	205	235	6	36
26	223	254	22	53	83	114	144	175	206	236	7	37
27	224	255	23	54	84	115	145	176	207	237	8	38
28	225	256	24	55	85	116	146	177	208	238	9	39
29	226		25	56	86	117	147	178	209	239	10	40
30	227		26	57	87	118	148	179	210	240	11	41
31	228		27		88		149	180		241		42

1942・1994・2046年

	1月	2月	3月	4月	5月	6月	7月	8月	9月	10月	11月	12月
1	43	74	102	133	163	194	224	255	26	56	87	117
2	44	75	103	134	164	195	225	256	27	57	88	118
3	45	76	104	135	165	196	226	257	28	58	89	119
4	46	77	105	136	166	197	227	258	29	59	90	120
5	47	78	106	137	167	198	228	259	30	60	91	121
6	48	79	107	138	168	199	229	260	31	61	92	122
7	49	80	108	139	169	200	230	1	32	62	93	123
8	50	81	109	140	170	201	231	2	33	63	94	124
9	51	82	110	141	171	202	232	3	34	64	95	125
10	52	83	111	142	172	203	233	4	35	65	96	126
11	53	84	112	143	173	204	234	5	36	66	97	127
12	54	85	113	144	174	205	235	6	37	67	98	128
13	55	86	114	145	175	206	236	7	38	68	99	129
14	56	87	115	146	176	207	237	8	39	69	100	130
15	57	88	116	147	177	208	238	9	40	70	101	131
16	58	89	117	148	178	209	239	10	41	71	102	132
17	59	90	118	149	179	210	240	11	42	72	103	133
18	60	91	119	150	180	211	241	12	43	73	104	134
19	61	92	120	151	181	212	242	13	44	74	105	135
20	62	93	121	152	182	213	243	14	45	75	106	136
21	63	94	122	153	183	214	244	15	46	76	107	137
22	64	95	123	154	184	215	245	16	47	77	108	138
23	65	96	124	155	185	216	246	17	48	78	109	139
24	66	97	125	156	186	217	247	18	49	79	110	140
25	67	98	126	157	187	218	248	19	50	80	111	141
26	68	99	127	158	188	219	249	20	51	81	112	142
27	69	100	128	159	189	220	250	21	52	82	113	143
28	70	101	129	160	190	221	251	22	53	83	114	144
29	71		130	161	191	222	252	23	54	84	115	145
30	72		131	162	192	223	253	24	55	85	116	146
31	73		132		193		254	25		86		147

1943・1995・2047年

	1月	2月	3月	4月	5月	6月	7月	8月	9月	10月	11月	12月
1	148	179	207	238	8	39	69	100	131	161	192	222
2	149	180	208	239	9	40	70	101	132	162	193	223
3	150	181	209	240	10	41	71	102	133	163	194	224
4	151	182	210	241	11	42	72	103	134	164	195	225
5	152	183	211	242	12	43	73	104	135	165	196	226
6	153	184	212	243	13	44	74	105	136	166	197	227
7	154	185	213	244	14	45	75	106	137	167	198	228
8	155	186	214	245	15	46	76	107	138	168	199	229
9	156	187	215	246	16	47	77	108	139	169	200	230
10	157	188	216	247	17	48	78	109	140	170	201	231
11	158	189	217	248	18	49	79	110	141	171	202	232
12	159	190	218	249	19	50	80	111	142	172	203	233
13	160	191	219	250	20	51	81	112	143	173	204	234
14	161	192	220	251	21	52	82	113	144	174	205	235
15	162	193	221	252	22	53	83	114	145	175	206	236
16	163	194	222	253	23	54	84	115	146	176	207	237
17	164	195	223	254	24	55	85	116	147	177	208	238
18	165	196	224	255	25	56	86	117	148	178	209	239
19	166	197	225	256	26	57	87	118	149	179	210	240
20	167	198	226	257	27	58	88	119	150	180	211	241
21	168	199	227	258	28	59	89	120	151	181	212	242
22	169	200	228	259	29	60	90	121	152	182	213	243
23	170	201	229	260	30	61	91	122	153	183	214	244
24	171	202	230	1	31	62	92	123	154	184	215	245
25	172	203	231	2	32	63	93	124	155	185	216	246
26	173	204	232	3	33	64	94	125	156	186	217	247
27	174	205	233	4	34	65	95	126	157	187	218	248
28	175	206	234	5	35	66	96	127	158	188	219	249
29	176		235	6	36	67	97	128	159	189	220	250
30	177		236	7	37	68	98	129	160	190	221	251
31	178		237		38		99	130		191		252

西暦とマヤ暦の対照表

1944・1996・2048年

	1月	2月	3月	4月	5月	6月	7月	8月	9月	10月	11月	12月
1	253	24	53	83	113	144	174	205	236	6	37	67
2	254	25	54	84	114	145	175	206	237	7	38	68
3	255	26	55	85	115	146	176	207	238	8	39	69
4	256	27	56	86	116	147	177	208	239	9	40	70
5	257	28	57	87	117	148	178	209	240	10	41	71
6	258	29	58	88	118	149	179	210	241	11	42	72
7	259	30	59	89	119	150	180	211	242	12	43	73
8	260	31	60	90	120	151	181	212	243	13	44	74
9	1	32	61	91	121	152	182	213	244	14	45	75
10	2	33	62	92	122	153	183	214	245	15	46	76
11	3	34	63	93	123	154	184	215	246	16	47	77
12	4	35	64	94	124	155	185	216	247	17	48	78
13	5	36	65	95	125	156	186	217	248	18	49	79
14	6	37	66	96	126	157	187	218	249	19	50	80
15	7	38	67	97	127	158	188	219	250	20	51	81
16	8	39	68	98	128	159	189	220	251	21	52	82
17	9	40	69	99	129	160	190	221	252	22	53	83
18	10	41	70	100	130	161	191	222	253	23	54	84
19	11	42	71	101	131	162	192	223	254	24	55	85
20	12	43	72	102	132	163	193	224	255	25	56	86
21	13	44	73	103	133	164	194	225	256	26	57	87
22	14	45	74	104	134	165	195	226	257	27	58	88
23	15	46	75	105	135	166	196	227	258	28	59	89
24	16	47	76	106	136	167	197	228	259	29	60	90
25	17	48	77	107	137	168	198	229	260	30	61	91
26	18	49	78	108	138	169	199	230	1	31	62	92
27	19	50	79	109	139	170	200	231	2	32	63	93
28	20	51	80	110	140	171	201	232	3	33	64	94
29	21	52	81	111	141	172	202	233	4	34	65	95
30	22		82	112	142	173	203	234	5	35	66	96
31	23		83		143		204	235		36		97

1945・1997・2049年

	1月	2月	3月	4月	5月	6月	7月	8月	9月	10月	11月	12月
1	98	129	157	188	218	249	19	50	81	111	142	172
2	99	130	158	189	219	250	20	51	82	112	143	173
3	100	131	159	190	220	251	21	52	83	113	144	174
4	101	132	160	191	221	252	22	53	84	114	145	175
5	102	133	161	192	222	253	23	54	85	115	146	176
6	103	134	162	193	223	254	24	55	86	116	147	177
7	104	135	163	194	224	255	25	56	87	117	148	178
8	105	136	164	195	225	256	26	57	88	118	149	179
9	106	137	165	196	226	257	27	58	89	119	150	180
10	107	138	166	197	227	258	28	59	90	120	151	181
11	108	139	167	198	228	259	29	60	91	121	152	182
12	109	140	168	199	229	260	30	61	92	122	153	183
13	110	141	169	200	230	1	31	62	93	123	154	184
14	111	142	170	201	231	2	32	63	94	124	155	185
15	112	143	171	202	232	3	33	64	95	125	156	186
16	113	144	172	203	233	4	34	65	96	126	157	187
17	114	145	173	204	234	5	35	66	97	127	158	188
18	115	146	174	205	235	6	36	67	98	128	159	189
19	116	147	175	206	236	7	37	68	99	129	160	190
20	117	148	176	207	237	8	38	69	100	130	161	191
21	118	149	177	208	238	9	39	70	101	131	162	192
22	119	150	178	209	239	10	40	71	102	132	163	193
23	120	151	179	210	240	11	41	72	103	133	164	194
24	121	152	180	211	241	12	42	73	104	134	165	195
25	122	153	181	212	242	13	43	74	105	135	166	196
26	123	154	182	213	243	14	44	75	106	136	167	197
27	124	155	183	214	244	15	45	76	107	137	168	198
28	125	156	184	215	245	16	46	77	108	138	169	199
29	126		185	216	246	17	47	78	109	139	170	200
30	127		186	217	247	18	48	79	110	140	171	201
31	128		187		248		49	80		141		202

1946・1998・2050年

	1月	2月	3月	4月	5月	6月	7月	8月	9月	10月	11月	12月
1	203	234	2	33	63	94	124	155	186	216	247	17
2	204	235	3	34	64	95	125	156	187	217	248	18
3	205	236	4	35	65	96	126	157	188	218	249	19
4	206	237	5	36	66	97	127	158	189	219	250	20
5	207	238	6	37	67	98	128	159	190	220	251	21
6	208	239	7	38	68	99	129	160	191	221	252	22
7	209	240	8	39	69	100	130	161	192	222	253	23
8	210	241	9	40	70	101	131	162	193	223	254	24
9	211	242	10	41	71	102	132	163	194	224	255	25
10	212	243	11	42	72	103	133	164	195	225	256	26
11	213	244	12	43	73	104	134	165	196	226	257	27
12	214	245	13	44	74	105	135	166	197	227	258	28
13	215	246	14	45	75	106	136	167	198	228	259	29
14	216	247	15	46	76	107	137	168	199	229	260	30
15	217	248	16	47	77	108	138	169	200	230	1	31
16	218	249	17	48	78	109	139	170	201	231	2	32
17	219	250	18	49	79	110	140	171	202	232	3	33
18	220	251	19	50	80	111	141	172	203	233	4	34
19	221	252	20	51	81	112	142	173	204	234	5	35
20	222	253	21	52	82	113	143	174	205	235	6	36
21	223	254	22	53	83	114	144	175	206	236	7	37
22	224	255	23	54	84	115	145	176	207	237	8	38
23	225	256	24	55	85	116	146	177	208	238	9	39
24	226	257	25	56	86	117	147	178	209	239	10	40
25	227	258	26	57	87	118	148	179	210	240	11	41
26	228	259	27	58	88	119	149	180	211	241	12	42
27	229	260	28	59	89	120	150	181	212	242	13	43
28	230	1	29	60	90	121	151	182	213	243	14	44
29	231		30	61	91	122	152	183	214	244	15	45
30	232		31	62	92	123	153	184	215	245	16	46
31	233		32		93		154	185		246		47

1947・1999・2051年

	1月	2月	3月	4月	5月	6月	7月	8月	9月	10月	11月	12月
1	48	79	107	138	168	199	229	260	31	61	92	122
2	49	80	108	139	169	200	230	1	32	62	93	123
3	50	81	109	140	170	201	231	2	33	63	94	124
4	51	82	110	141	171	202	232	3	34	64	95	125
5	52	83	111	142	172	203	233	4	35	65	96	126
6	53	84	112	143	173	204	234	5	36	66	97	127
7	54	85	113	144	174	205	235	6	37	67	98	128
8	55	86	114	145	175	206	236	7	38	68	99	129
9	56	87	115	146	176	207	237	8	39	69	100	130
10	57	88	116	147	177	208	238	9	40	70	101	131
11	58	89	117	148	178	209	239	10	41	71	102	132
12	59	90	118	149	179	210	240	11	42	72	103	133
13	60	91	119	150	180	211	241	12	43	73	104	134
14	61	92	120	151	181	212	242	13	44	74	105	135
15	62	93	121	152	182	213	243	14	45	75	106	136
16	63	94	122	153	183	214	244	15	46	76	107	137
17	64	95	123	154	184	215	245	16	47	77	108	138
18	65	96	124	155	185	216	246	17	48	78	109	139
19	66	97	125	156	186	217	247	18	49	79	110	140
20	67	98	126	157	187	218	248	19	50	80	111	141
21	68	99	127	158	188	219	249	20	51	81	112	142
22	69	100	128	159	189	220	250	21	52	82	113	143
23	70	101	129	160	190	221	251	22	53	83	114	144
24	71	102	130	161	191	222	252	23	54	84	115	145
25	72	103	131	162	192	223	253	24	55	85	116	146
26	73	104	132	163	193	224	254	25	56	86	117	147
27	74	105	133	164	194	225	255	26	57	87	118	148
28	75	106	134	165	195	226	256	27	58	88	119	149
29	76		135	166	196	227	257	28	59	89	120	150
30	77		136	167	197	228	258	29	60	90	121	151
31	78		137		198		259	30		91		152

西暦とマヤ暦の対照表

1948・2000・2052年

	1月	2月	3月	4月	5月	6月	7月	8月	9月	10月	11月	12月
1	153	184	213	243	13	44	74	105	136	166	197	227
2	154	185	214	244	14	45	75	106	137	167	198	228
3	155	186	215	245	15	46	76	107	138	168	199	229
4	156	187	216	246	16	47	77	108	139	169	200	230
5	157	188	217	247	17	48	78	109	140	170	201	231
6	158	189	218	248	18	49	79	110	141	171	202	232
7	159	190	219	249	19	50	80	111	142	172	203	233
8	160	191	220	250	20	51	81	112	143	173	204	234
9	161	192	221	251	21	52	82	113	144	174	205	235
10	162	193	222	252	22	53	83	114	145	175	206	236
11	163	194	223	253	23	54	84	115	146	176	207	237
12	164	195	224	254	24	55	85	116	147	177	208	238
13	165	196	225	255	25	56	86	117	148	178	209	239
14	166	197	226	256	26	57	87	118	149	179	210	240
15	167	198	227	257	27	58	88	119	150	180	211	241
16	168	199	228	258	28	59	89	120	151	181	212	242
17	169	200	229	259	29	60	90	121	152	182	213	243
18	170	201	230	260	30	61	91	122	153	183	214	244
19	171	202	231	1	31	62	92	123	154	184	215	245
20	172	203	232	2	32	63	93	124	155	185	216	246
21	173	204	233	3	33	64	94	125	156	186	217	247
22	174	205	234	4	34	65	95	126	157	187	218	248
23	175	206	235	5	35	66	96	127	158	188	219	249
24	176	207	236	6	36	67	97	128	159	189	220	250
25	177	208	237	7	37	68	98	129	160	190	221	251
26	178	209	238	8	38	69	99	130	161	191	222	252
27	179	210	239	9	39	70	100	131	162	192	223	253
28	180	211	240	10	40	71	101	132	163	193	224	254
29	181	212	241	11	41	72	102	133	164	194	225	255
30	182		242	12	42	73	103	134	165	195	226	256
31	183		243		43		104	135		196		257

1949・2001・2053年

	1月	2月	3月	4月	5月	6月	7月	8月	9月	10月	11月	12月
1	258	29	57	88	118	149	179	210	241	11	42	72
2	259	30	58	89	119	150	180	211	242	12	43	73
3	260	31	59	90	120	151	181	212	243	13	44	74
4	1	32	60	91	121	152	182	213	244	14	45	75
5	2	33	61	92	122	153	183	214	245	15	46	76
6	3	34	62	93	123	154	184	215	246	16	47	77
7	4	35	63	94	124	155	185	216	247	17	48	78
8	5	36	64	95	125	156	186	217	248	18	49	79
9	6	37	65	96	126	157	187	218	249	19	50	80
10	7	38	66	97	127	158	188	219	250	20	51	81
11	8	39	67	98	128	159	189	220	251	21	52	82
12	9	40	68	99	129	160	190	221	252	22	53	83
13	10	41	69	100	130	161	191	222	253	23	54	84
14	11	42	70	101	131	162	192	223	254	24	55	85
15	12	43	71	102	132	163	193	224	255	25	56	86
16	13	44	72	103	133	164	194	225	256	26	57	87
17	14	45	73	104	134	165	195	226	257	27	58	88
18	15	46	74	105	135	166	196	227	258	28	59	89
19	16	47	75	106	136	167	197	228	259	29	60	90
20	17	48	76	107	137	168	198	229	260	30	61	91
21	18	49	77	108	138	169	199	230	1	31	62	92
22	19	50	78	109	139	170	200	231	2	32	63	93
23	20	51	79	110	140	171	201	232	3	33	64	94
24	21	52	80	111	141	172	202	233	4	34	65	95
25	22	53	81	112	142	173	203	234	5	35	66	96
26	23	54	82	113	143	174	204	235	6	36	67	97
27	24	55	83	114	144	175	205	236	7	37	68	98
28	25	56	84	115	145	176	206	237	8	38	69	99
29	26		85	116	146	177	207	238	9	39	70	100
30	27		86	117	147	178	208	239	10	40	71	101
31	28		87		148		209	240		41		102

1950・2002・2054年

	1月	2月	3月	4月	5月	6月	7月	8月	9月	10月	11月	12月
1	103	134	162	193	223	254	24	55	86	116	147	177
2	104	135	163	194	224	255	25	56	87	117	148	178
3	105	136	164	195	225	256	26	57	88	118	149	179
4	106	137	165	196	226	257	27	58	89	119	150	180
5	107	138	166	197	227	258	28	59	90	120	151	181
6	108	139	167	198	228	259	29	60	91	121	152	182
7	109	140	168	199	229	260	30	61	92	122	153	183
8	110	141	169	200	230	1	31	62	93	123	154	184
9	111	142	170	201	231	2	32	63	94	124	155	185
10	112	143	171	202	232	3	33	64	95	125	156	186
11	113	144	172	203	233	4	34	65	96	126	157	187
12	114	145	173	204	234	5	35	66	97	127	158	188
13	115	146	174	205	235	6	36	67	98	128	159	189
14	116	147	175	206	236	7	37	68	99	129	160	190
15	117	148	176	207	237	8	38	69	100	130	161	191
16	118	149	177	208	238	9	39	70	101	131	162	192
17	119	150	178	209	239	10	40	71	102	132	163	193
18	120	151	179	210	240	11	41	72	103	133	164	194
19	121	152	180	211	241	12	42	73	104	134	165	195
20	122	153	181	212	242	13	43	74	105	135	166	196
21	123	154	182	213	243	14	44	75	106	136	167	197
22	124	155	183	214	244	15	45	76	107	137	168	198
23	125	156	184	215	245	16	46	77	108	138	169	199
24	126	157	185	216	246	17	47	78	109	139	170	200
25	127	158	186	217	247	18	48	79	110	140	171	201
26	128	159	187	218	248	19	49	80	111	141	172	202
27	129	160	188	219	249	20	50	81	112	142	173	203
28	130	161	189	220	250	21	51	82	113	143	174	204
29	131		190	221	251	22	52	83	114	144	175	205
30	132		191	222	252	23	53	84	115	145	176	206
31	133		192		253		54	85		146		207

1951・2003・2055年

	1月	2月	3月	4月	5月	6月	7月	8月	9月	10月	11月	12月
1	208	239	7	38	68	99	129	160	191	221	252	22
2	209	240	8	39	69	100	130	161	192	222	253	23
3	210	241	9	40	70	101	131	162	193	223	254	24
4	211	242	10	41	71	102	132	163	194	224	255	25
5	212	243	11	42	72	103	133	164	195	225	256	26
6	213	244	12	43	73	104	134	165	196	226	257	27
7	214	245	13	44	74	105	135	166	197	227	258	28
8	215	246	14	45	75	106	136	167	198	228	259	29
9	216	247	15	46	76	107	137	168	199	229	260	30
10	217	248	16	47	77	108	138	169	200	230	1	31
11	218	249	17	48	78	109	139	170	201	231	2	32
12	219	250	18	49	79	110	140	171	202	232	3	33
13	220	251	19	50	80	111	141	172	203	233	4	34
14	221	252	20	51	81	112	142	173	204	234	5	35
15	222	253	21	52	82	113	143	174	205	235	6	36
16	223	254	22	53	83	114	144	175	206	236	7	37
17	224	255	23	54	84	115	145	176	207	237	8	38
18	225	256	24	55	85	116	146	177	208	238	9	39
19	226	257	25	56	86	117	147	178	209	239	10	40
20	227	258	26	57	87	118	148	179	210	240	11	41
21	228	259	27	58	88	119	149	180	211	241	12	42
22	229	260	28	59	89	120	150	181	212	242	13	43
23	230	1	29	60	90	121	151	182	213	243	14	44
24	231	2	30	61	91	122	152	183	214	244	15	45
25	232	3	31	62	92	123	153	184	215	245	16	46
26	233	4	32	63	93	124	154	185	216	246	17	47
27	234	5	33	64	94	125	155	186	217	247	18	48
28	235	6	34	65	95	126	156	187	218	248	19	49
29	236		35	66	96	127	157	188	219	249	20	50
30	237		36	67	97	128	158	189	220	250	21	51
31	238		37		98		159	190		251		52

西暦とマヤ暦の対照表

1952・2004・2056年

	1月	2月	3月	4月	5月	6月	7月	8月	9月	10月	11月	12月
1	53	84	113	143	173	204	234	5	36	66	97	127
2	54	85	114	144	174	205	235	6	37	67	98	128
3	55	86	115	145	175	206	236	7	38	68	99	129
4	56	87	116	146	176	207	237	8	39	69	100	130
5	57	88	117	147	177	208	238	9	40	70	101	131
6	58	89	118	148	178	209	239	10	41	71	102	132
7	59	90	119	149	179	210	240	11	42	72	103	133
8	60	91	120	150	180	211	241	12	43	73	104	134
9	61	92	121	151	181	212	242	13	44	74	105	135
10	62	93	122	152	182	213	243	14	45	75	106	136
11	63	94	123	153	183	214	244	15	46	76	107	137
12	64	95	124	154	184	215	245	16	47	77	108	138
13	65	96	125	155	185	216	246	17	48	78	109	139
14	66	97	126	156	186	217	247	18	49	79	110	140
15	67	98	127	157	187	218	248	19	50	80	111	141
16	68	99	128	158	188	219	249	20	51	81	112	142
17	69	100	129	159	189	220	250	21	52	82	113	143
18	70	101	130	160	190	221	251	22	53	83	114	144
19	71	102	131	161	191	222	252	23	54	84	115	145
20	72	103	132	162	192	223	253	24	55	85	116	146
21	73	104	133	163	193	224	254	25	56	86	117	147
22	74	105	134	164	194	225	255	26	57	87	118	148
23	75	106	135	165	195	226	256	27	58	88	119	149
24	76	107	136	166	196	227	257	28	59	89	120	150
25	77	108	137	167	197	228	258	29	60	90	121	151
26	78	109	138	168	198	229	259	30	61	91	122	152
27	79	110	139	169	199	230	260	31	62	92	123	153
28	80	111	140	170	200	231	1	32	63	93	124	154
29	81	112	141	171	201	232	2	33	64	94	125	155
30	82		142	172	202	233	3	34	65	95	126	156
31	83		143		203		4	35		96		157

1953・2005・2057年

	1月	2月	3月	4月	5月	6月	7月	8月	9月	10月	11月	12月
1	158	189	217	248	18	49	79	110	141	171	202	232
2	159	190	218	249	19	50	80	111	142	172	203	233
3	160	191	219	250	20	51	81	112	143	173	204	234
4	161	192	220	251	21	52	82	113	144	174	205	235
5	162	193	221	252	22	53	83	114	145	175	206	236
6	163	194	222	253	23	54	84	115	146	176	207	237
7	164	195	223	254	24	55	85	116	147	177	208	238
8	165	196	224	255	25	56	86	117	148	178	209	239
9	166	197	225	256	26	57	87	118	149	179	210	240
10	167	198	226	257	27	58	88	119	150	180	211	241
11	168	199	227	258	28	59	89	120	151	181	212	242
12	169	200	228	259	29	60	90	121	152	182	213	243
13	170	201	229	260	30	61	91	122	153	183	214	244
14	171	202	230	1	31	62	92	123	154	184	215	245
15	172	203	231	2	32	63	93	124	155	185	216	246
16	173	204	232	3	33	64	94	125	156	186	217	247
17	174	205	233	4	34	65	95	126	157	187	218	248
18	175	206	234	5	35	66	96	127	158	188	219	249
19	176	207	235	6	36	67	97	128	159	189	220	250
20	177	208	236	7	37	68	98	129	160	190	221	251
21	178	209	237	8	38	69	99	130	161	191	222	252
22	179	210	238	9	39	70	100	131	162	192	223	253
23	180	211	239	10	40	71	101	132	163	193	224	254
24	181	212	240	11	41	72	102	133	164	194	225	255
25	182	213	241	12	42	73	103	134	165	195	226	256
26	183	214	242	13	43	74	104	135	166	196	227	257
27	184	215	243	14	44	75	105	136	167	197	228	258
28	185	216	244	15	45	76	106	137	168	198	229	259
29	186		245	16	46	77	107	138	169	199	230	260
30	187		246	17	47	78	108	139	170	200	231	1
31	188		247		48		109	140		201		2

1954・2006・2058年

	1月	2月	3月	4月	5月	6月	7月	8月	9月	10月	11月	12月
1	3	34	62	93	123	154	184	215	246	16	47	77
2	4	35	63	94	124	155	185	216	247	17	48	78
3	5	36	64	95	125	156	186	217	248	18	49	79
4	6	37	65	96	126	157	187	218	249	19	50	80
5	7	38	66	97	127	158	188	219	250	20	51	81
6	8	39	67	98	128	159	189	220	251	21	52	82
7	9	40	68	99	129	160	190	221	252	22	53	83
8	10	41	69	100	130	161	191	222	253	23	54	84
9	11	42	70	101	131	162	192	223	254	24	55	85
10	12	43	71	102	132	163	193	224	255	25	56	86
11	13	44	72	103	133	164	194	225	256	26	57	87
12	14	45	73	104	134	165	195	226	257	27	58	88
13	15	46	74	105	135	166	196	227	258	28	59	89
14	16	47	75	106	136	167	197	228	259	29	60	90
15	17	48	76	107	137	168	198	229	260	30	61	91
16	18	49	77	108	138	169	199	230	1	31	62	92
17	19	50	78	109	139	170	200	231	2	32	63	93
18	20	51	79	110	140	171	201	232	3	33	64	94
19	21	52	80	111	141	172	202	233	4	34	65	95
20	22	53	81	112	142	173	203	234	5	35	66	96
21	23	54	82	113	143	174	204	235	6	36	67	97
22	24	55	83	114	144	175	205	236	7	37	68	98
23	25	56	84	115	145	176	206	237	8	38	69	99
24	26	57	85	116	146	177	207	238	9	39	70	100
25	27	58	86	117	147	178	208	239	10	40	71	101
26	28	59	87	118	148	179	209	240	11	41	72	102
27	29	60	88	119	149	180	210	241	12	42	73	103
28	30	61	89	120	150	181	211	242	13	43	74	104
29	31		90	121	151	182	212	243	14	44	75	105
30	32		91	122	152	183	213	244	15	45	76	106
31	33		92		153		214	245		46		107

1955・2007・2059年

	1月	2月	3月	4月	5月	6月	7月	8月	9月	10月	11月	12月
1	108	139	167	198	228	259	29	60	91	121	152	182
2	109	140	168	199	229	260	30	61	92	122	153	183
3	110	141	169	200	230	1	31	62	93	123	154	184
4	111	142	170	201	231	2	32	63	94	124	155	185
5	112	143	171	202	232	3	33	64	95	125	156	186
6	113	144	172	203	233	4	34	65	96	126	157	187
7	114	145	173	204	234	5	35	66	97	127	158	188
8	115	146	174	205	235	6	36	67	98	128	159	189
9	116	147	175	206	236	7	37	68	99	129	160	190
10	117	148	176	207	237	8	38	69	100	130	161	191
11	118	149	177	208	238	9	39	70	101	131	162	192
12	119	150	178	209	239	10	40	71	102	132	163	193
13	120	151	179	210	240	11	41	72	103	133	164	194
14	121	152	180	211	241	12	42	73	104	134	165	195
15	122	153	181	212	242	13	43	74	105	135	166	196
16	123	154	182	213	243	14	44	75	106	136	167	197
17	124	155	183	214	244	15	45	76	107	137	168	198
18	125	156	184	215	245	16	46	77	108	138	169	199
19	126	157	185	216	246	17	47	78	109	139	170	200
20	127	158	186	217	247	18	48	79	110	140	171	201
21	128	159	187	218	248	19	49	80	111	141	172	202
22	129	160	188	219	249	20	50	81	112	142	173	203
23	130	161	189	220	250	21	51	82	113	143	174	204
24	131	162	190	221	251	22	52	83	114	144	175	205
25	132	163	191	222	252	23	53	84	115	145	176	206
26	133	164	192	223	253	24	54	85	116	146	177	207
27	134	165	193	224	254	25	55	86	117	147	178	208
28	135	166	194	225	255	26	56	87	118	148	179	209
29	136		195	226	256	27	57	88	119	149	180	210
30	137		196	227	257	28	58	89	120	150	181	211
31	138		197		258		59	90		151		212

西暦とマヤ暦の対照表

1956・2008・2060年

	1月	2月	3月	4月	5月	6月	7月	8月	9月	10月	11月	12月
1	213	244	13	43	73	104	134	165	196	226	257	27
2	214	245	14	44	74	105	135	166	197	227	258	28
3	215	246	15	45	75	106	136	167	198	228	259	29
4	216	247	16	46	76	107	137	168	199	229	260	30
5	217	248	17	47	77	108	138	169	200	230	1	31
6	218	249	18	48	78	109	139	170	201	231	2	32
7	219	250	19	49	79	110	140	171	202	232	3	33
8	220	251	20	50	80	111	141	172	203	233	4	34
9	221	252	21	51	81	112	142	173	204	234	5	35
10	222	253	22	52	82	113	143	174	205	235	6	36
11	223	254	23	53	83	114	144	175	206	236	7	37
12	224	255	24	54	84	115	145	176	207	237	8	38
13	225	256	25	55	85	116	146	177	208	238	9	39
14	226	257	26	56	86	117	147	178	209	239	10	40
15	227	258	27	57	87	118	148	179	210	240	11	41
16	228	259	28	58	88	119	149	180	211	241	12	42
17	229	260	29	59	89	120	150	181	212	242	13	43
18	230	1	30	60	90	121	151	182	213	243	14	44
19	231	2	31	61	91	122	152	183	214	244	15	45
20	232	3	32	62	92	123	153	184	215	245	16	46
21	233	4	33	63	93	124	154	185	216	246	17	47
22	234	5	34	64	94	125	155	186	217	247	18	48
23	235	6	35	65	95	126	156	187	218	248	19	49
24	236	7	36	66	96	127	157	188	219	249	20	50
25	237	8	37	67	97	128	158	189	220	250	21	51
26	238	9	38	68	98	129	159	190	221	251	22	52
27	239	10	39	69	99	130	160	191	222	252	23	53
28	240	11	40	70	100	131	161	192	223	253	24	54
29	241	12	41	71	101	132	162	193	224	254	25	55
30	242		42	72	102	133	163	194	225	255	26	56
31	243		43		103		164	195		256		57

1957・2009・2061年

	1月	2月	3月	4月	5月	6月	7月	8月	9月	10月	11月	12月
1	58	89	117	148	178	209	239	10	41	71	102	132
2	59	90	118	149	179	210	240	11	42	72	103	133
3	60	91	119	150	180	211	241	12	43	73	104	134
4	61	92	120	151	181	212	242	13	44	74	105	135
5	62	93	121	152	182	213	243	14	45	75	106	136
6	63	94	122	153	183	214	244	15	46	76	107	137
7	64	95	123	154	184	215	245	16	47	77	108	138
8	65	96	124	155	185	216	246	17	48	78	109	139
9	66	97	125	156	186	217	247	18	49	79	110	140
10	67	98	126	157	187	218	248	19	50	80	111	141
11	68	99	127	158	188	219	249	20	51	81	112	142
12	69	100	128	159	189	220	250	21	52	82	113	143
13	70	101	129	160	190	221	251	22	53	83	114	144
14	71	102	130	161	191	222	252	23	54	84	115	145
15	72	103	131	162	192	223	253	24	55	85	116	146
16	73	104	132	163	193	224	254	25	56	86	117	147
17	74	105	133	164	194	225	255	26	57	87	118	148
18	75	106	134	165	195	226	256	27	58	88	119	149
19	76	107	135	166	196	227	257	28	59	89	120	150
20	77	108	136	167	197	228	258	29	60	90	121	151
21	78	109	137	168	198	229	259	30	61	91	122	152
22	79	110	138	169	199	230	260	31	62	92	123	153
23	80	111	139	170	200	231	1	32	63	93	124	154
24	81	112	140	171	201	232	2	33	64	94	125	155
25	82	113	141	172	202	233	3	34	65	95	126	156
26	83	114	142	173	203	234	4	35	66	96	127	157
27	84	115	143	174	204	235	5	36	67	97	128	158
28	85	116	144	175	205	236	6	37	68	98	129	159
29	86		145	176	206	237	7	38	69	99	130	160
30	87		146	177	207	238	8	39	70	100	131	161
31	88		147		208		9	40		101		162

1958・2010・2062年

	1月	2月	3月	4月	5月	6月	7月	8月	9月	10月	11月	12月
1	163	194	222	253	23	54	84	115	146	176	207	237
2	164	195	223	254	24	55	85	116	147	177	208	238
3	165	196	224	255	25	56	86	117	148	178	209	239
4	166	197	225	256	26	57	87	118	149	179	210	240
5	167	198	226	257	27	58	88	119	150	180	211	241
6	168	199	227	258	28	59	89	120	151	181	212	242
7	169	200	228	259	29	60	90	121	152	182	213	243
8	170	201	229	260	30	61	91	122	153	183	214	244
9	171	202	230	1	31	62	92	123	154	184	215	245
10	172	203	231	2	32	63	93	124	155	185	216	246
11	173	204	232	3	33	64	94	125	156	186	217	247
12	174	205	233	4	34	65	95	126	157	187	218	248
13	175	206	234	5	35	66	96	127	158	188	219	249
14	176	207	235	6	36	67	97	128	159	189	220	250
15	177	208	236	7	37	68	98	129	160	190	221	251
16	178	209	237	8	38	69	99	130	161	191	222	252
17	179	210	238	9	39	70	100	131	162	192	223	253
18	180	211	239	10	40	71	101	132	163	193	224	254
19	181	212	240	11	41	72	102	133	164	194	225	255
20	182	213	241	12	42	73	103	134	165	195	226	256
21	183	214	242	13	43	74	104	135	166	196	227	257
22	184	215	243	14	44	75	105	136	167	197	228	258
23	185	216	244	15	45	76	106	137	168	198	229	259
24	186	217	245	16	46	77	107	138	169	199	230	260
25	187	218	246	17	47	78	108	139	170	200	231	1
26	188	219	247	18	48	79	109	140	171	201	232	2
27	189	220	248	19	49	80	110	141	172	202	233	3
28	190	221	249	20	50	81	111	142	173	203	234	4
29	191		250	21	51	82	112	143	174	204	235	5
30	192		251	22	52	83	113	144	175	205	236	6
31	193		252		53		114	145		206		7

1959・2011・2063年

	1月	2月	3月	4月	5月	6月	7月	8月	9月	10月	11月	12月
1	8	39	67	98	128	159	189	220	251	21	52	82
2	9	40	68	99	129	160	190	221	252	22	53	83
3	10	41	69	100	130	161	191	222	253	23	54	84
4	11	42	70	101	131	162	192	223	254	24	55	85
5	12	43	71	102	132	163	193	224	255	25	56	86
6	13	44	72	103	133	164	194	225	256	26	57	87
7	14	45	73	104	134	165	195	226	257	27	58	88
8	15	46	74	105	135	166	196	227	258	28	59	89
9	16	47	75	106	136	167	197	228	259	29	60	90
10	17	48	76	107	137	168	198	229	260	30	61	91
11	18	49	77	108	138	169	199	230	1	31	62	92
12	19	50	78	109	139	170	200	231	2	32	63	93
13	20	51	79	110	140	171	201	232	3	33	64	94
14	21	52	80	111	141	172	202	233	4	34	65	95
15	22	53	81	112	142	173	203	234	5	35	66	96
16	23	54	82	113	143	174	204	235	6	36	67	97
17	24	55	83	114	144	175	205	236	7	37	68	98
18	25	56	84	115	145	176	206	237	8	38	69	99
19	26	57	85	116	146	177	207	238	9	39	70	100
20	27	58	86	117	147	178	208	239	10	40	71	101
21	28	59	87	118	148	179	209	240	11	41	72	102
22	29	60	88	119	149	180	210	241	12	42	73	103
23	30	61	89	120	150	181	211	242	13	43	74	104
24	31	62	90	121	151	182	212	243	14	44	75	105
25	32	63	91	122	152	183	213	244	15	45	76	106
26	33	64	92	123	153	184	214	245	16	46	77	107
27	34	65	93	124	154	185	215	246	17	47	78	108
28	35	66	94	125	155	186	216	247	18	48	79	109
29	36		95	126	156	187	217	248	19	49	80	110
30	37		96	127	157	188	218	249	20	50	81	111
31	38		97		158		219	250		51		112

西暦とマヤ暦の対照表

1960・2012・2064年

	1月	2月	3月	4月	5月	6月	7月	8月	9月	10月	11月	12月
1	113	144	173	203	233	4	34	65	96	126	157	187
2	114	145	174	204	234	5	35	66	97	127	158	188
3	115	146	175	205	235	6	36	67	98	128	159	189
4	116	147	176	206	236	7	37	68	99	129	160	190
5	117	148	177	207	237	8	38	69	100	130	161	191
6	118	149	178	208	238	9	39	70	101	131	162	192
7	119	150	179	209	239	10	40	71	102	132	163	193
8	120	151	180	210	240	11	41	72	103	133	164	194
9	121	152	181	211	241	12	42	73	104	134	165	195
10	122	153	182	212	242	13	43	74	105	135	166	196
11	123	154	183	213	243	14	44	75	106	136	167	197
12	124	155	184	214	244	15	45	76	107	137	168	198
13	125	156	185	215	245	16	46	77	108	138	169	199
14	126	157	186	216	246	17	47	78	109	139	170	200
15	127	158	187	217	247	18	48	79	110	140	171	201
16	128	159	188	218	248	19	49	80	111	141	172	202
17	129	160	189	219	249	20	50	81	112	142	173	203
18	130	161	190	220	250	21	51	82	113	143	174	204
19	131	162	191	221	251	22	52	83	114	144	175	205
20	132	163	192	222	252	23	53	84	115	145	176	206
21	133	164	193	223	253	24	54	85	116	146	177	207
22	134	165	194	224	254	25	55	86	117	147	178	208
23	135	166	195	225	255	26	56	87	118	148	179	209
24	136	167	196	226	256	27	57	88	119	149	180	210
25	137	168	197	227	257	28	58	89	120	150	181	211
26	138	169	198	228	258	29	59	90	121	151	182	212
27	139	170	199	229	259	30	60	91	122	152	183	213
28	140	171	200	230	260	31	61	92	123	153	184	214
29	141	172	201	231	1	32	62	93	124	154	185	215
30	142		202	232	2	33	63	94	125	155	186	216
31	143		203		3		64	95		156		217

1961・2013・2065年

	1月	2月	3月	4月	5月	6月	7月	8月	9月	10月	11月	12月
1	218	249	17	48	78	109	139	170	201	231	2	32
2	219	250	18	49	79	110	140	171	202	232	3	33
3	220	251	19	50	80	111	141	172	203	233	4	34
4	221	252	20	51	81	112	142	173	204	234	5	35
5	222	253	21	52	82	113	143	174	205	235	6	36
6	223	254	22	53	83	114	144	175	206	236	7	37
7	224	255	23	54	84	115	145	176	207	237	8	38
8	225	256	24	55	85	116	146	177	208	238	9	39
9	226	257	25	56	86	117	147	178	209	239	10	40
10	227	258	26	57	87	118	148	179	210	240	11	41
11	228	259	27	58	88	119	149	180	211	241	12	42
12	229	260	28	59	89	120	150	181	212	242	13	43
13	230	1	29	60	90	121	151	182	213	243	14	44
14	231	2	30	61	91	122	152	183	214	244	15	45
15	232	3	31	62	92	123	153	184	215	245	16	46
16	233	4	32	63	93	124	154	185	216	246	17	47
17	234	5	33	64	94	125	155	186	217	247	18	48
18	235	6	34	65	95	126	156	187	218	248	19	49
19	236	7	35	66	96	127	157	188	219	249	20	50
20	237	8	36	67	97	128	158	189	220	250	21	51
21	238	9	37	68	98	129	159	190	221	251	22	52
22	239	10	38	69	99	130	160	191	222	252	23	53
23	240	11	39	70	100	131	161	192	223	253	24	54
24	241	12	40	71	101	132	162	193	224	254	25	55
25	242	13	41	72	102	133	163	194	225	255	26	56
26	243	14	42	73	103	134	164	195	226	256	27	57
27	244	15	43	74	104	135	165	196	227	257	28	58
28	245	16	44	75	105	136	166	197	228	258	29	59
29	246		45	76	106	137	167	198	229	259	30	60
30	247		46	77	107	138	168	199	230	260	31	61
31	248		47		108		169	200		1		62

〈主な参考文献〉

「マヤン・ファクター」ホゼ・アグエイアス　1999年（1987）ヴォイス
Dreamspell　ホゼ・アグエイアス　1990年　香港刊
The Arcturus Probe　ホゼ・アグエイアス　1996　Light Technology Publishing
「マヤ文明」石田英一郎　1967年　中公新書
「マヤ文明」ポール・ジャンドロ　1981年　白水社
「マヤ文明の謎」青木晴夫　1984年　講談社現代新書
「マヤ文明」デイヴィッド・アダムソン　1987年　法政大学出版局
「古代マヤ王歴代誌」S・マーティン、N・グルーベ共著　邦訳2002年　創元社
「アステカ・マヤの神話」カール・タウベ　1993年　邦訳1996年　丸善ブックス
「マヤ文明　新たなる真実」実松克義　2003年　講談社
「マヤの預言」A・ギルバート、M・コットレル　1997年　凱風社
「神々の世界　上」グラハム・ハンコック　2002年　小学館
「神々の世界　下」グラハム・ハンコック　2002年　小学館
「石器時代文明の驚異」リチャード・ラジリー　1998年　河出書房新社
「西暦535年の大噴火」デイヴィッド・キーズ　1999年　文芸春秋
「遺物は語る　化学が解く古代の謎」ジョーゼフ・B・ランバート　1998年　青土社
「マヤ／グァテマラ&ベリーズ」辻丸純一　2001年　雷鳥社
「マヤ・アステカの神話」アイリーン・ニコルソン　1992年　青土社
「古代アナトリアの遺産」立田洋司　1977年　近藤出版社

「聖書物語 旧約編」山形孝夫 2001年 河出書房新社
「考古学のための年代測定学入門」長友恒人編 1999年 古今書院
「マヤ神話 ポポル・ヴフ」A・レシーノス 1977年 中央公論新社
「マヤ・インカ神話伝説集」松村武雄編 1984年 社会思想社 教養文庫
「新しい時間の発見」ホセ&ロイディーン・アグエイアス著 1997年 風雲舎
「マヤ・アステカ 太陽の文明」吉村作治 1998年 平凡社
「超古代史入門 石炭紀に遡る地球文明の謎」佐治芳彦 1987年 徳間書店
「クリティアス」「ティマイオス」プラトン 1969年 世界の名著プラトン2 中央公論社
「プラトン全集12」プラトン 種山恭子訳 1975年 岩波書店
「世界の歴史1、人類の起源と古代オリエント」1998年 中央公論社
「世界の神話百科 アメリカ編」D・M・ジョーズ他 2002年 原書房
「世界の名著 ベルクソン」1969年 中央公論社

古代マヤ暦「13の音」シンクロ実践編

2012年4月21日　第1刷発行

著　者――――越川宗亮

発行人――――杉山　隆

発行所――――――コスモ21
〒171-0021　東京都豊島区西池袋2-39-6-8F
☎03 (3988) 3911
FAX03 (3988) 7062
URL http://www.cos21.com/

印刷・製本―――中央精版印刷株式会社

落丁本・乱丁本は本社でお取替えいたします

©Sohsuke Koshikawa 2012, Printed in Japan
定価はカバーに表示してあります。

ISBN978-4-87795-231-0 C0030

古代マヤ暦「13の音」占い

これでシンクロする生き方が見えてくる!

大好評 話題騒然!!

あなたに幸運をもたらすキーワードとは?

越川宗亮 著
1,575円(税込) 上製本192頁

13の音にそれぞれ
シンクロを引き寄せる
キーワードがあった

●本書の主な内容
プロローグ◉「シンクロ」を起こす生き方が
　　　　　　成功と幸せを呼ぶ!
1章◉あなたの人生を決定づけるマヤ暦と
　　13の「銀河の音」
2章◉「13の音」が示す特徴と性格
　　シンクロを引き寄せるキーワード
3章◉13の音でわかる理想の相性・人間関係
4章◉謎に満ちた神秘のマヤ文明が
　　21世紀の人類に伝えたいこと
エピローグに代えて◉「銀河の音」でわかる
　　　　　　　　　　過去と未来

難解でわかりにくいマヤ暦を
極めてわかりやすく紹介した入門書。
マヤ愛好家の必読書。

古代マヤ暦「20の刻印」

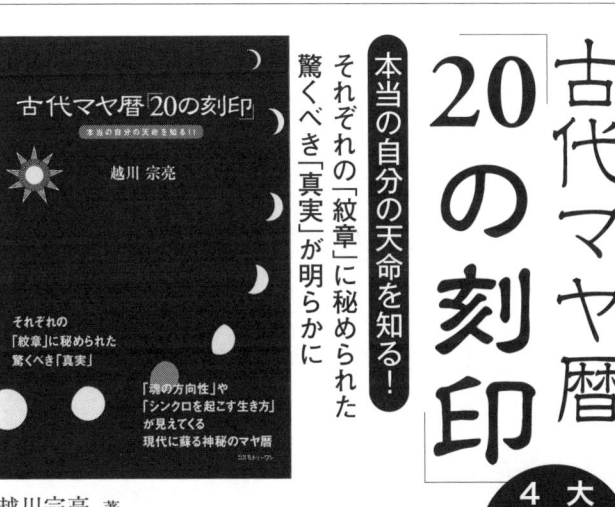

本当の自分の天命を知る!
それぞれの「紋章」に秘められた驚くべき「真実」が明らかに

大人気!! 4刷出来

現代に蘇る神秘のマヤ暦「魂の方向性」や「シンクロを起こす生き方」がはっきりわかる

越川宗亮 著
1,890円（税込） 上製本 208頁

本書の主な内容

- プロローグ 古代マヤとの出合いがあなたの人生を変える!!
- 1章 自分の「刻印」を解明すればあなたの天命と魂の方向性がわかる
- 2章 あなたにさまざまな幸運をもたらす知られざる「20の刻印」
- 3章 それぞれの紋章が秘めている極めて神秘的な関係性

マヤ愛好家垂涎の書、話題沸騰中

古代マヤ暦「ミラクル子育て」

子どもの「未来」「役割」「本質」がわかる

この一冊でわからなかった子どもの心が手に取るように見えてくる

古代マヤ暦 ミラクル子育て
子どもの「未来」「役割」「本質」がわかる

越川宗亮

親子の運命の「紋章」を探せ!!
わからない子どもの心が見えてくる

コスモ21

越川宗亮 著
1,470円（税込） 四六並製 208頁

マヤを知れば子育てにミラクルが起こる！

〈本書の主な内容〉

プロローグ 誰もがみんな子育てで悩んでいる
1章 深遠なる「マヤ」の叡智で賢い子育てを
2章 自分の心、本質がわかれば理想的な子育てができる
3章 あなたの子どもを輝かせ周波数を高める育て方
4章 神秘の「マヤ」を活用すれば親子関係が驚くほどよくなる
エピローグ 日本人の心の豊かさはどこへ消えてしまったのか？